Über dieses Buch   »Ich war elf Jahre alt, als mich Labrador rief… Es geschah durch ein Buch und die Bilder, die es enthielt: Indianer, Eskimos, Berge, Fische und weiße Wölfe, die den Mond anheulten«: gleich der erste Satz dieses leisen und aufregend schönen Buches läßt das Thema der Sehnsucht anklingen, bestätigt die Assoziation des Titels an die Blaue Blume der Romantik.

Was Kenneth White im Untertitel ›Eine Reise‹ nennt, ist kein Roman, kein Reisebericht im üblichen Sinne, kein Essay, sondern eine höchst ungewöhnliche, poetisch-meditative Collage aus erzählenden Passagen, Elementen des Reiseberichts, Erinnerungen, Reflexionen, lyrischen Einsprengseln, Träumen, Stimmungs- und Landschaftsbildern und Gedanken aus der gesamten abendländischen Philosophie- und Geistesgeschichte. Es ist eine Collage zum Thema der Suche, einer Suche nach der unzerstörten Natur, nach der Weite der Landschaft, nach Ursprünglichkeit, nach Entgrenzung; nach Einsamkeit, Erneuerung, Erkenntnis, nach dem eigenen Selbst. ›Das Unbehagen in der Kultur‹ ist bei ihm übermächtig geworden, er »hat die Nase voll« von Staaten und Nationen, Institutionen und dem Lärm unserer Zivilisation, deshalb macht er sich auf nach einer anderen existentiellen Erfahrung. Auf einer Route des geplanten Zufalls.

Der Autor   Kenneth White, geb. 1936 in Glasgow, studierte französische und deutsche Literatur, Latein und Philosophie. Er war Dozent für Philosophie in München, Lektor an der Sorbonne, in Glasgow, Bordeaux. Ausgedehnte Reisen führten ihn u.a. in den Orient. Dissertation über das Thema ›Le nomadisme intellectuel‹. White gilt in Frankreich als einer der originellsten Vertreter der jungen Literatur. Er lebt seit 1967 als freier Schriftsteller in der Bretagne.

Kenneth White
Der blaue Weg

Eine Reise

Aus dem Französischen
von Andrea Spingler

Fischer Taschenbuch Verlag

Ungekürzte Ausgabe
Veröffentlicht im Fischer Taschenbuch Verlag GmbH,
Frankfurt am Main, Februar 1987

Lizenzausgabe mit freundlicher Genehmigung
der Arche Verlags AG, Raabe + Vitali, Zürich
Copyright © der deutschsprachigen Ausgabe:
1984 by Arche Verlag AG, Raabe + Vitali, Zürich
Die französische Originalausgabe erschien unter dem Titel
›La Route Bleue‹
© 1983 by Editions Grasset et Fasquelle, Paris
Umschlaggestaltung: Illustration, Elisabeth Eich –
Typographie, Manfred Walch
Druck und Bindung: Clausen und Bosse, Leck
Printed in Germany
980-ISBN-3-596-25343-8

Für alle diejenigen, die das Draußen lockt,
für die Sippe der sehend Reisenden,
für den großen Fluß
und die zerklüftete Küste, für die
wiedergefundene, vielfältige Welt.

Inhalt

Neun Stelen
auf einem Weg
der (Wieder-)Geburt,
des Erkennens

»Reisen scheint mir eine nützliche Übung.
Die Seele ist dabei in ständiger Bewegung.«
Montaigne

»Zu jedem Preis und mit allen Tönen,
selbst auf metaphysischen Reisen.«
Rimbaud

»Unsere Zeit ist besonders dadurch gekennzeichnet, daß
sie schal ist – schal wie die Literatur. Vordringen in eine
neue Welt und dort Bewegungsfreiheit, Neuheit
erleben.«
William Carlos Williams

»Ich bin Rothaut, blauer Bauch,
goldener Kopf... Ich mache mich auf, ich haue ab, ich
gehe in den Untergrund... den Untergrund der Seele.«
Delteil

»Echte Kultur kann nur im Raum gelernt werden...
Kultur im Raum heißt Kultur eines Geistes, der
unablässig im Raum atmet und sich leben fühlt und der
die Körper des Raums als Gegenstände seines Denkens
zu sich ruft.«
Artaud

»Er muß immer ein bißchen weiter weg gehen, da ist
sein einziges Zuhause.«
Bataille

»Blaue Seele, dunkles Wandern.«
Trakl

»Wer fremd ist, wandert vorwärts.
Er irrt nicht ohne jede Bestimmung,
ratlos durch die Welt.
Er ist auf der Suche nach dem Ort,
wo er eine Bleibe finden kann.«
Heidegger

»Der Weg vollendet sich. Der Schnee fällt in tausend
Flocken. Mehrere Rollen blauer Berge sind gemalt
worden.«
Shōbōgenzō

Vorwort

Ich war elf Jahre alt, als mich Labrador rief, das Land, das Gott dem Kain gab, wie Kapitän Cartier es nannte. Es geschah durch ein Buch und die Bilder, die es enthielt: Indianer, Eskimos, Berge, Fische und weiße Wölfe, die den Mond anheulten.

So prägen sich dir in deiner Kindheit Bilder ein (und du kannst glücklich sein, daß es solche Bilder waren), und dreißig Jahre später verfolgst du sie immer noch, nachdem du in der Zwischenzeit verschiedene mehr oder weniger zufällige, mehr oder weniger fruchtbare Exkursionen in die Gebiete des Lebens und des Wissens unternommen hast.

So habe ich mich auf diesen blauen Weg begeben.

Was ist denn ein blauer Weg? wird man fragen. Ich weiß es selbst nicht genau. Da ist natürlich das Blau des weiten Himmels, da ist das Blau des Flusses, des mächtigen Sankt-Lorenz-Stroms, und weiter weg dann das Blau des Eises. Aber all diese Bilder und noch ein paar andere, die mir einfallen, wenn sie zu mir, zu meinen Sinnen und meiner Einbildungskraft, sprechen, reichen bei weitem nicht aus für die Tiefe dieses »Blaus«.

Ist es also etwas »Mystisches«?

Ich möchte mich hier nicht auf Diskussionen über dieses abgedroschene Wort einlassen (etwas viel Lebendigeres ruft uns), aber wenn ich im Geist einen Augenblick in dieser Sphäre verweile, fällt mir ein, daß in gewissen alten Überlieferungen vom *wandernden*

Mystiker die Rede ist, und davon, daß ein Mann, der in »westlicher Verbannung« lebt und seinen »Orient« finden will, den Norden passieren muß.

Vielleicht ist der blaue Weg diese Passage durch das Blau des schweigenden Labrador.

Vielleicht ist die Idee die, so weit wie möglich zu gehen – bis ans Ende deiner selbst – bis zu einem Territorium, wo die Zeit Raum wird, wo die Dinge in ihrer ganzen Nacktheit erscheinen und der Wind weht, anonym. Vielleicht.

Der blaue Weg, das ist vielleicht ganz einfach der Weg des Möglichen.

Jedenfalls wollte ich hinaus, dorthin, und *sehen*.

K. W., Côtes-du-Nord, Frühjahr 1983

Der Mond
in Montréal

*»Die wir soviel Raum
und sowenig Zeit haben,
wir werden Nomaden.«
Annie Lebrun*

Ein Spiegelei, Toast, Kaffee!

Da draußen: Montréal. Die Straßen und der Fluß. Ich höre ihr Brausen. Und ganz in der Ferne eine weite, schlafende Schönheit, Labrador.

Gleich nach dem Frühstück fange ich an, Erkundigungen über Labrador einzuholen. Am Busbahnhof nehme ich eines dieser Telefone ab, die Auskünfte geben, und als wäre ich elf Jahre alt, sage ich:

Wie kommt man bitte nach Labrador?

Wohin?

Nach Labrador.

Nach Labrador!

Ja, nach Labrador!

Soll das ein joke sein, oder was?

Ein was?

Ein joke, ein Witz.

Nein, es ist mein Ernst.

Dann sind Sie verrückt.

Wie bitte?

Wo kommen Sie denn her?

Aus Frankreich.

Das dachte ich mir. Bei Ihnen liegen die Provinzen nahe beieinander. Hier ist das anders.

Na gut, aber kann man nach Labrador, oder nicht?

Keine Ahnung. Ich beantworte nur präzise Fragen.

Und sie legt auf.

Was ist an Labrador unpräzise? Ich habe es doch nicht erfunden! Es ist eine Gegend, oder? Und wenn es eine Gegend ist, heißt das, man kann dorthin, meine ich.

Oder zumindest in die Nähe, in die Richtung gehen, nicht wahr? Anscheinend nicht.

Es war, als hätte ich auf einem Kongreß positivistischer Logiker eine metaphysische Frage gestellt.

Existiert das Paradies?

Schmeißt diesen Irren raus!

Ich stecke eine Münze in einen Schlitz und sehe einen Moment fern, während ich den nächsten Vorstoß plane.

Ich muß subtiler vorgehen, förmlicher.

Ich betrete ein Café und knüpfe mit der Kellnerin ein Gespräch an. Ich bereite sorgfältig den Boden. Sie weiß, daß ich aus Frankreich komme, daß ich gestern in Montréal angekommen bin, sie kennt alle Einzelheiten des Flugs, ich erzähle ihr von der dicken Boeing und all den Passagieren, und ich bin sogar schon in die Vergangenheit zurückgegangen bis General de Gaulle, was fast schon Vorgeschichte ist, als sie mich unterbricht: Was haben Sie in Quebec vor?

Ich ergreife die Gelegenheit.

Ich möchte nach Labrador.

Es ist kalt da oben.

Sie sind hier zu sehr an die Zentralheizung gewöhnt.

Sie haben wohl gedacht, wir sind Wilde?

Immerhin bin ich beruhigt. Es wäre sicher übertrieben zu sagen, ich sei begeistert, aber zumindest streicht diese Staatsbürgerin Labrador nicht ganz von der Landkarte. Sie hat sogar ein Attribut verwendet, was bedeutet, daß sie, wie vage auch immer, die Existenz eines Substantivs anerkennt. Das ist elementare Grammatik.

An diesem Abend, gegen Mitternacht – ein dicker, runder Herbstmond schwebt über Montréal – esse ich in einer Kneipe der Rue Saint-Denis in Gesellschaft eines einheimischen Schriftstellers eine Zwiebelsuppe und frage ihn rundheraus:

Wie kommt es, daß Labrador keine Realität ist in Montréal?

Er ergeht sich in einer langen soziologischen und ethnologischen Erklärung. Die Bewohner Quebecs sind für ihn alle Bauern aus dem Poitou, die noch nicht gemerkt haben, daß sie auf dem amerikanischen Kontinent gelandet sind. Sie haben einen Kulturschock und haben noch nicht einmal angefangen, sich in der neuen Umgebung zu orientieren. Sie verbringen ihre Zeit damit, sich zu erinnern: »Ich erinnere mich«, lautet in Quebec die Devise.

Ich habe jemanden gefragt, um welche Erinnerungen es sich handle:

Um die Landung der Engländer.

Großer Gott! Wen kümmern denn noch die Engländer?

Würde ich mich damit beschäftigen, was die Engländer getan haben, so wäre ich immer noch da oben in Altkaledonien, würde meine Beschwerden pflegen und lange politische Gedichte in der Sprache meiner Vorfahren schreiben.

Quatsch! Man kann nicht sein ganzes Leben Schotte bleiben. Man muß aus seinem Loch heraus, sich unter die Leute mischen.

Am nächsten Abend mische ich mich unter eine kleine Kanadierin, ein Mädchen aus Outremont, ein Drittel Französin, ein Drittel Schottin, ein Drittel Mohawk.

Mademoiselle Pocahontas MacGregor.

Aber mich plagt Labrador. Ich zögere nicht, es aufs Tapet zu bringen.

Ich möchte wirklich da hin, nach Labrador.

Hör auf, sagt sie, wenn du von Labrador redest, läuft es mir kalt den Rücken hinunter.

Und sie schaudert.

Aber die Beschwörung Labradors hat mehr als ein Schaudern bei ihr ausgelöst. Es hat Bilder in ihr wachgerufen. Denn ein paar Minuten später erzählt sie mir von Wildenten, die mit 350 Meilen in der Stunde gegen den Wind fliegen... Und als ich daran anknüpfe, was mein Freund, der Schriftsteller, über die Bewohner von Quebec gesagt hat, fügt sie hinzu:

Die Leute in Quebec sind nett, aber seltsam.

In dem Moment erschien mir dieser Satz sehr schön.

Vielleicht hätte ich erwähnen sollen, daß wir einige Joints geteilt haben. Und da sich hinter all dem mein Wunsch verbarg, von innen Informationen über Labrador und Quebec zu sammeln, Informationen, die direkt aus dem kollektiven Unbewußten und der Weltseele und vielleicht auch aus dem Archaikum kommen, deren ständige Vibrationen sich in der Luft verlieren, weil niemand gewitzt genug ist, sie einzufangen, hatte ich ein Heft und einen Stift zur Hand, und jedesmal, wenn die kleine Kanadierin etwas sagte, hatte ich solche Angst, es zu vergessen, daß ich mich mit dem Ellbogen aufstützte und es im Dunkeln notierte (gar nicht so einfach, aber ich hatte ein Heft mit großen Seiten genommen – manchmal denke ich an alles).

Was machst du da, auf der anderen Seite des Bettes?

Ich notiere die Realität, ich will sie nicht entwischen lassen.

Ich habe ein Problem mit ihr. Sie existiert nicht.

Diesmal lief mir ein transzendentaler Schauder über den Rücken.

Ich fing an, mich in meinem Element zu fühlen. Ich fing an, Kanada zu lieben. Ich meine Quebec. Das ist eine der Merkwürdigkeiten in diesem Land: Man darf nicht Kanada sagen. Wenn man dieses Wort ausspricht, ist man eines dieser britischen Imperialistenschweine. Man muß Quebec sagen. Ich möchte also klarstellen: Wenn ich Kanada sage, dann ist das keine Politik. Es kann einfach vorkommen, daß mir der Klang dieses Wortes besser gefällt.

Ich fing also an, Quebec zu lieben, die schöne Provinz. Ich habe sie die ganze Nacht geliebt. Dieser dicke, runde Herbstmond machte mich verrückt.

Am Morgen springt die kleine Kanadierin aus dem Bett:

Ich hab's eilig. Ich muß abhauen. Bis heute abend.

Ich mache einen Spaziergang in der rotgetränkten (vom Rot der berühmten Ahornbäume), klaren Atmosphäre des morgendlichen Outremont und gehe dann in Richtung Stadtmitte.

Montréal ist nicht in die Höhe gebaut. Es hat seinen Anteil Wolkenkratzer, aber es ist noch ein Ort mit

menschlichen Dimensionen. Ich schlendere von trocke-
nem Laub übersäte Straßen entlang, die von farbenfro-
hen zweistöckigen Häusern gesäumt sind, und spüre
beglückt die große Weite Amerikas um mich.

Ich gehe in eine Bar.

Ein Bier.

Was für eins?

Das beste.

Alles ist relativ, aber bitte ...

Er gibt mir ein Molson Brador.

Gut, wenn Sie mir gefolgt sind, phonetisch und philoso-
phisch (und wenn Sie das nicht getan haben, werden Sie
niemals ein Reisender der Neuen Welt sein, auch nicht
in tausend Jahren), wenn Sie mir also gefolgt sind: Bar,
Brador, Labrador ... dann werden Sie wissen, daß wir
uns dem Kern der Sache nähern.

Dieser Bursche war wirklich in Labrador gewesen.

Das war einer von uns.

Er hatte einen Bruder, der in den Eisenminen in Labrador City arbeitete, und er war zum Fischen dorthin
gefahren. Er sagte, man könne ziemlich weit mit dem
Bus fahren, und dann gäbe es den Zug, der von Sept-
Iles bis hinauf nach Schefferville führe. Und in Sept-Iles
könne man auch ein kleines Flugzeug nach Fort
Chimo, Goose Bay oder Davis Inlet nehmen. Das war
klare, frische Musik in meinen Ohren.

Übrigens, wenn ich schon von Musik rede, das Stück,
das in diesem Moment aus der juke-box kam, war *Take
the A train:* Der alte Duke Ellington riet der Welt zu
verreisen ... Aber ich hatte Zeit. Ich schlenderte weiter
durch Montréal.

Als Thoreau in Montréal war (er verbrachte nicht seine *ganze* Zeit am Waldensee), witterte seine Hugenottennase überall katholischen Weihrauchduft. Der Duft ist immer noch da: in der Kirche Marie Reine du Monde, im Centre d'Animation Missionaire..., aber seltener, viel seltener. Laut meinem Freund, dem Schriftsteller, hat sich Quebec vor ein paar Jahren über Nacht entkatholisiert. Das nennen sie die stille Revolution. Der friedliche Quebecer ist eines schönen Morgens aufgewacht und war befreit. Jesus Maria! Keine Erbsünde mehr. Der große Gott Pan war zurückgekehrt. Die Joints ersetzten die Hostien, die Poesie die Beichte. Zum Teufel mit dem Papst, auch wenn er Pole ist. Man redet von Kuba, aber Kuba ist ein alter Hut, verglichen mit Quebec. In Quebec hat etwas Besseres stattgefunden als eine Revolution (Firma Marx und Lenin): Die Traumzeit ist ausgebrochen (Rabelais, Rimbaud und Co.).

Oder fast...

Aber sie könnten hier wirklich etwas Außerordentliches schaffen, wenn sie nur einmal aufhörten, Bauern aus dem Poitou zu sein. Das ist eine Chance für Amerika. Eine Chance für Frankreich. Wer weiß, vielleicht auch eine Chance für den Planeten.

Ich habe über all das mit einem Buchhändler gesprochen, dessen Laden Quebec-Amerika hieß. Endlich jemand, der verstanden hatte! Weder Quebec-Frankreich, noch Quebec-USA, noch Quebec-Quebec, sondern Quebec-Amerika... Wir haben über Melville geredet. Genau wie ich sah er in ihm den Prototyp des Euro-Amerikaners: den Mann, der zwei oder drei geistige Grenzen überspringt, um sich mitten im großen Nichts wiederzufinden. Und da sagt er dann verwundert etwas den Geist Belebendes, Erhellendes, etwas wie: *Da bläst er!*

So ist es, der weiße Wal und der große Wind: Labrador.

Ich steuere auf Labrador zu, seit ich gehen kann. Ich habe mich auf den Weg gemacht am Tag, als ich die Wiege verließ. In *A Natural History of Massachusetts* sagt Thoreau: »In den Wörtern Labrador und East Maine liegt eine einzigartige Kraft, die kein verzagter Glaube erkennt.«

Genau.

Und in *A Winter Walk* kommt er wieder auf Labrador zurück: »Laß einen braven, frommen Mann das Jahr in den Wäldern von Maine und Labrador verbringen, da wird er sehen, ob die Heilige Schrift die Sprache spricht, die seiner Situation und seiner Erfahrung vom Wintereinbruch bis zum Schmelzen des Eises angemessen ist.«

Sie sehen, wozu ich gekommen bin und was ich suche.

Lange Zeit habe ich versucht, mich eines dicken Buches, eines der dicksten, die es gibt, und das mich erdrückte, zu entledigen und der ganzen geistigen Verwirrung, die es gestiftet hat. Ich wollte der Besetzung der Welt durch Jehova und ein paar andere entfliehen. Das ist vollbracht. Aber ich muß auch weitergehen. Nach Labrador. Ja, dort schließt sich der Kreis, dort kehre ich an meinen Ausgangspunkt zurück, schlucke meine Geburt, entwickle alle Negative meiner Adoles-

zenz und werfe einen ernsthaften Blick auf mein
ursprüngliches Gesicht.
Was ich im Moment vor allem brauche, ist Raum, ein
großer Lebensraum für die letzte Meditation.

Quebec
City Flash

»Ich war angespannt und aufgeregt,
als würde ich eine Bank überfallen wollen.
Bis ich die Partitur einfach vergaß
und zu improvisieren begann.
Dann, bei Gott, lief alles wie im Traum…«
Mezz Mezzrow,
Jazzfieber

Der Taxifahrer, der mich zum Busbahnhof brachte, war ein Inder. An der roten Ampel kamen wir ins Gespräch. Sein Blick war auf das Licht gerichtet, sein Fuß stand auf dem Pedal, startbereit.

Brauch ein gutes Auto, murmelte er halb zu sich selbst.

Ist das gut?

Und ob. Chevrolet. Leicht. Die laufen. Ich tanke Super. Ich will power. Man muß ...

Die Ampel wurde grün, und er fuhr los.

... beschleunigen können.

Nach kurzem Überlegen fügte er hinzu:

Das ist ein verrückter Job, wissen Sie. Eine Krankheit.

Auf eine Mauer, die ein unbebautes Grundstück in der Nähe des Busbahnhofs umgab, hatte jemand mit großen roten Buchstaben geschrieben:

CHRISTUS

KOMMT WIEDER

1986

DER SANKT-LORENZ-STROM

WIRD ROT SEIN VON BLUT

Noch ein psychotischer Christ. Die Welt ist voll davon. Sie verpesten die Luft. Du Pflaume, lies doch mal Teilhard de Chardin. Und danach lies Walt Whitman. Und dann sprechen wir uns in Labrador wieder.

Im großen Draußen.

Am Bahnhof studiere ich die Abfahrtszeiten der Busse nach Quebec. Ich merke, daß es zwei Routen gibt. Ich wähle die längere. Als ich meinen Fahrschein kaufe, sagt der Mann:

Nach Quebec? Wollen Sie nicht den Schnellbus nehmen?

Ich sage, nein, ich will nicht den Schnellbus nehmen. Ich sage ihm, daß ich mich nicht gern hetze, wenn ich reise, daß ich alles genießen will und bis zur Neige auskosten. Und als läge eine gewisse Logik in dieser Mitteilung (was vielleicht auch der Fall ist), füge ich hinzu:

Ich fahre nach Labrador.

Dort ist doch nichts.

Ende der Unterhaltung.

Ich schaue zu, wie ein Greyhound Americruiser in Richtung New York davongleitet, dann steige ich in meinen Voyageur in Richtung Quebec.

Im Überlandbus durch Amerika...

Es ist einer dieser blauen Tage mit Wölkchen am Himmel, die einen an die Gedichte von Hopkins erinnern.

Wir gleiten vorüber an:

Canadian Pacific
Molson's Brewery
Imperial Molasses
Grandma Food Products
Sucre Saint-Laurent

Georgia Pacific
Canada West India Molasses Co.
Alliance Steel Corporation...

Drüben auf dem grünen, glitzernden, bewegten Strom
warten die großen Frachter:

Gaspé Transport
Athol Monarch
Overseas Aleutian...

Der Sinn einer weit offenen Welt. Der Sinn der rohen
Materie. Der Sinn des amerikanischen Raums. Die
Sinne. Man kann nicht tief genug in sie eindringen.
Aber vorher muß man sie öffnen, alle. Am Ende viel-
leicht ein einziger umfassender Sinn. Doch soll man
sich auch nicht zu sehr um Einheit bemühen. Lieber
alles vielfältig und in Bewegung lassen. Ein offener
Zusammenhang... Wir wollen nicht, daß Gott oder der
Eine sich wieder in uns einmischen. Selbst wenn wir
zum Einen zurückkehren, wird es nicht mehr derselbe
sein.
Diese Bruchstücke von Gedanken blitzen auf in meinem Kopf wie die Sonnenreflexe auf dem Sankt-
Lorenz-Strom, und dabei passieren wir:

Bout de l'Ile
Maskinongé Junction
Louiseville
Yamachiche
Pointe du Lac
Baie Jolie...

Auch ich bin verliebt in die amerikanischen Namen!

In Trois-Rivières gibt es fünfzehn Minuten Aufenthalt. Ich trinke einen Kaffee in Gesellschaft von Ludwig Wittgenstein (»Es gibt allerdings Unaussprechliches. Dies *zeigt* sich, es ist das Mystische.«) und schlendere dann durch die Straßen. An der windigen Kreuzung von Rue des Forges und Rue du Fleuve schaue ich dem Fließen des Sankt-Lorenz-Stroms zu. Noch ein dicker Frachter:

Logistic Transport.

Wie die Welt immer Zeichen auszusenden scheint!
Logistic transports!
Wir fahren weiter:

Cap-de-la-Madeleine
Tabagie Jules
Champlain
Batiscan
Donnaconna ...

Die Wälder, die wir durchquerten, waren ein Farbenmeer: rot, gelb, orange, rotorange, dunkelgelbrot. Eine schiere Wonne für die Augen hier draußen in Sonne und Wind. Ahornbäume, ja, aber auch Birken, Lärchen, Tannen. Wie kommt es, daß die Birken hier soviel weißer scheinen? Als müßte sich selbst die wissenschaftliche Bezeichnung, *Betula alba*, transzendieren, um zum ekstatischen *Betula albissima albissima* zu werden. Sicher der Einfluß Labradors, das sein Weiß über die Welt gießt.

Take the A train. Sie haben sich vielleicht gefragt, was dieses A bedeutet?

Amerika
Atopisch
Anarchisch
Anachronistisch
Anomisch
Außerhalb der Grenzen

Das ist weder Geschichte noch Poesie, noch Philosophie. Keines dieser alten Wörter. Etwas anderes.

Anderes. Anderswo.
Der Weg *A*.
Absolut.

Auf der ganzen Strecke sah man diese schwerfälligen Burschen mit ihren Schirmmützen im Schaukelstuhl auf ihren *Selfmademan*-Veranden sitzen. Man sah Stände mit Bergen roter Mackintosh-Äpfel, die von robusten, rotgesichtigen Kanadierinnen verkauft wurden. Mackintosh-Äpfel, Ahornsirup, Felle. Es ist Herbst in Amerika. Herbst, »Zeit der vollen Reife«, sagte der Dichter. Aber diese Felle kommen aus Labrador. Für diesen Raum braucht man eine andere Sprache, und um diese Sprache zu finden, muß man der Fährte der roten Blätter bis ans Ende folgen.

L'Ancienne Lorette Junction
Sainte-Foy
Quebec City

Ich habe Lust, mich ein bißchen beim Busbahnhof herumzutreiben. Ich gehe in das kleine Restaurant, bestelle Kaffee und Kuchen und lausche der neofranzösischen Stimme von Quebec:

C'est une gang de bums...
Mon char est scrappé...
Une beurrée de beurre de peanut...

Auf Kaffee und Kuchen lasse ich einen »pouding au riz à la maple syrup« folgen, immer noch mit spitzen Ohren:

J'ai blowé...
Tabarnac!...
Je vais gazer...

Dann nehme ich im glühenden Sonnenuntergang ein Taxi nach Cap Rouge, und es rast den Boulevard Duplessis und den Chemin de Sainte-Foy hinunter. In Cap Rouge wohnt ein anderer Schriftsteller, der mich ein paar Tage beherbergen wird.

Eine schlanke Birke wächst genau vor meinem Fenster. Sie erinnert mich an Pocahontas MacGregor. Wenn ich morgens aufwache, sehe ich das Sonnenlicht auf ihrer Rinde.
Semaphor des Unbekannten.
Noch einmal *logistic transports*.
Drei Dinge will ich in Quebec machen. Das Château de Frontenac besichtigen? Pah! Eine Wallfahrt auf die Abrahamhöhen machen? Nee! Alles falsch. Ich werde

mir eine gute Karte von Labrador beschaffen, das Centre d'Etudes Nordiques in Laval besuchen und einen Blick in das Huronen-Reservat von Ancienne Lorette werfen. Ich fange an, mich zu organisieren.

Wie Sie bereits erraten haben, war es keine Kleinigkeit, eine Karte von Labrador zu bekommen. Ich konnte Karten kaufen, auf denen alle Städte, Dörfer, Käffer zwischen Montréal und New York eingezeichnet waren. Ich fand Karten von den USA, vom englischsprachigen Kanada, von der Provinz Quebec, von Frankreich, Deutschland, England, Japan. Aber Labrador – Pustekuchen! Labrador wurde immer ferner und unerreichbarer. Nicht einmal eine Karte...

Fast hätte ich im Ministère des Terres et Forêts eine ergattert, aber besagtes Ministerium schloß gerade seine Pforten fürs Wochenende, würde ich bitte am Montag wiederkommen? Ich bin auf der Schwelle zum Paradies, und man bittet mich höflich, am Montag wiederzukommen!

Institutionen und Individuen werden nie dieselbe Wellenlänge haben.

Deshalb bin ich Anarchist.

Ein lachender Anarchist.

Der Mann, mit dem ich im Centre d'Etudes Nordiques spreche, kommt gerade vom Indianerhüttensee zurück. Archäologe. Als ich ihn nach Büchern über Labrador frage, sagt er zuerst einmal, daß es da so gut wie nichts gibt. Aber nachdem ich ihn eine Stunde lang ausgequetscht und zwei Stunden gewissenhaft in der Bibliothek nachgeforscht habe, besitze ich eine Bibliographie von etwa fünfzig Titeln. Damit kann ich weitermachen. Und eine Karte von Labrador.

Was werden Sie mit alldem anfangen?

Ein Gedicht schreiben.

Ich wußte nicht, daß die Dichter so arbeiten.

Ich bin nicht aus dem Poitou.

Verstehen Sie mich richtig. Ich habe nichts gegen das Poitou. Es ist schießlich das Land der Pikten – wenn man weit genug zurückgeht. Was bedeutet, daß diese Leute meine Verwandten sind. Aber die regionalistische Ideologie geht nie weit genug zurück. Sie geht nie weiter zurück als bis zur Großmutter. Sie wissen, Großmutter, die lebendige Kraft der Nation...

Ein bißchen später studiere ich, immer noch in diese Gedanken versunken, die Speisekarte des Restaurants Le Gaulois, als mein Blick auf »la soupe du barde« fällt. Bardensuppe! Wohlan, sage ich mir, den rechten Daumen auf dem linken Weisheitszahn (entsprechend dem alten keltischen Brauch). Denn in Frankreich ist man ein Barde, wenn man aus Schottland, Irland, Wales, der Bretagne oder sonst irgendeinem keltischen Randgebiet kommt und Verse schmiedet. Früher oder später wird sich ein Kritiker finden, der einen als Barden bezeichnet. Kein Wunder, sagte Yeats, der Journalismus sei der Ruin der Literatur. Also, daß das ein für alle Male klar ist: Ein Barde ist jemand, der die Stammesgeschichte besingt. Da ich ohne Stamm bin und tue, was ich kann, um aus der Geschichte herauszutreten, kann ich ganz einfach kein bärtiger Barde sein, okay?

Nennen Sie mich Ismaël, einen intellektuellen Nomaden...

Ich weiß nicht, ob ich auf der Suche nach einem Stamm bin. Ich glaube nicht (ich ziehe die Gesellschaft verborgener einsamer Geister wie Johannes Scotus oder Duns Scotus vor), aber es stimmt, daß mich Stämme zur Zeit in gewisser Weise interessieren. Vielleicht weil ich von Nationen und Staaten die Nase voll habe.

Was uns ganz natürlich zum Huronen-Dorf führt.

Du fährst an einem Irving vorbei. Dann immer gradeaus. Du siehst eine Kurve, dann geht es über eine Brücke.

So wird meinem Freund, dem Schriftsteller, der den Wagen lenkt, der Weg beschrieben. Und es funktioniert. Da ist die Tankstelle, hier die Kurve, und schließlich kommt die Brücke.

Wie jeder Schüler weiß, ist das Wort »Hurone« französischer Herkunft. Es kommt von »hure«, Wuschelkopf, und spielt auf die Haartracht dieser Irokesen an. Was das Wort »Irokese« angeht, so ist es zumindest teilweise indianischen Ursprungs. Es kommt von »iro«, das bedeutet »Ich habe gesprochen«, was die Indianer immer sagten, wenn sie eine kleine Rede gehalten hatten. Und sie hielten immer kleine Reden, diese Indianer. Erst nachdem er sich hatte völlig fertigmachen lassen, ist der Indianer schweigsam geworden.

Gros-Louis, der Häuptling des Reservats, ist nicht schweigsam.

Er redet nicht nur gern, er kann auch reden.

Er hat sogar ein Buch geschrieben, darin sagt er folgendes:

»Ich bin empört über die Gesetzgebung, die die Provinz Quebec mit einer offiziellen Flagge bedachte. Sie hat nichts mit der Wirklichkeit dieser Provinz zu tun. Warum als unser Emblem weiße Lilien wählen, die hier nie gewachsen sind und nie wachsen werden? Nein, diese Flagge wird nie über unserem Reservat wehen! Ich habe mir geschworen, alles in meiner Macht Stehende zu tun, um das zu verhindern. Die beste Art, ihre Pläne zu durchkreuzen, war, eine Flagge zu erfinden, die uns repräsentieren, unser Tun und unsere Lebensweise symbolisieren würde. Ich hatte sie im Kopf, die Flagge, die ich einführen würde, wenn die Umstände es erlaubten: ein schwarzes Bärenfell mit einem Schneeteller in der Mitte. Zum Zeichen, daß wir sie entworfen hatten, sollte in der Mitte des Schneetellers ein Indianerkopf sein. Und um es zu unterstreichen, würde ein indianisches Kanu auf dem blauen Wasser liegen, das unseren Himmel widerspiegelt, einen Himmel, der im Winter so blau ist wie im Sommer. Mein Traum wurde Wirklichkeit, und diese Flagge weht über unserem Huronenreservat und schützt unsere Identität und unser Volk mit all seinen Traditionen und all seinem Stolz.«

Man mag über die Flaggen, selbst die sympathischsten, denken, wie man will, aber wenn ich Gros-Louis erklären höre, daß er sein Volk aus dreihundert Jahren Lethargie erwecken will, sage ich mir: Dreihundert Jahre, das ist nicht so lang – wie lange schlafen wir in Europa schon?

Im Indianermuseum von Gros-Louis kann man einen Mokassin sehen, der Sitting Bull gehört haben soll. Das kann stimmen oder auch nicht. Diese Indianer sind eine Gaunerbande, und sie machen gern Späße.
Sie haben einen präkolumbianischen Sinn für das Komödiantische.
Rothäutige Rabelais!

Route 175 Nord

*»Dichtung aber ist kein schweifendes
Ersinnen des Beliebigen.«*
Heidegger

Ich verlasse Quebec City.
Route 175 Nord.
Mir gefällt die reine Mathematik zwischen den beiden bedeutungsschwangeren Wörtern.
Das Berechenbare und das Unberechenbare.

Route 175 Nord.
Es war kühler geworden. Der Herbst war warm und sonnig gewesen, aber plötzlich war beißende Winterluft zu spüren.

November chill blaws lood wi' angry sugh...

Komisch, daß mir ein Vers von Robert Burns einfällt. Vielleicht der Geist irgendeines Schotten, der vor mir hier unterwegs war? Ich sollte überall auf schottische Spuren stoßen, und ich habe mehr als einen Indianer mit einem Namen wie Jean-Baptiste Mackenzie getroffen.

Wir fahren durch den Laurentides Park.
Dort drüben im Westen der Jacques-Cartier-Fluß, der später dem Chicoutimi weichen wird. Überall um uns Wald: rot, orange und das weiße Leuchten der Birken.
Ich glaubte, schon alles gesagt zu haben, was ich über die Birken zu sagen hatte. Wie oft habe ich von ihnen gesprochen! Ich glaubte, sie gründlich zu kennen, von der Botanik bis zur Mythologie. Aber gestern abend habe ich in der Geschichte eines indianischen Trappers

etwas gelesen, das mich zutiefst verwirrt hat: Im Winter bekommt die weiße Rinde der Birken *eine leichte rosa Tönung.*

An manchen Stellen bedeckt eine dicke Rauhreif-schicht den Boden.
Man betritt die Welt des Rauhreifs...
Land des Haiku.

Der Herbstwind
weht über die Steine
des Mount Asama

2305 Meter Höhe.

Die Wasser des Lac Jacques-Cartier sind grau und wellengekräuselt, und der Wind wischt große schwarze Fächer über ihn.
Wie Whistlers Carlyle-Porträt.
In der Kelvingrove Art Gallery in Glasgow.
Ich verlasse die Universität, steige hinab von der Höhe, um frischere Luft zu atmen, mit etwas von weiter drau-ßen in Berührung zu kommen. Grauer Nachmittag. Kalte Stille des Museums. Das Porträt von Carlyle, ganz grau und schwarz.
Ich begrüßte den großen Mann.
Wer las seine transzendentalen Spinnereien in einem verödeten Land? Ich. Sohn einer Sonne, die über dem

Kelvin Park gefror. Ich, der Emigrant von der Great
Western Road.

874 m Höhe.

  Lac Grelon
  Lac Belœil
  Lac Davis
  Lac Tourangeau
  Lac des Uries

Die See-Dichter.
Wordsworth.
»Eine schlichtere und kraftvollere Sprache ... die schö-
nen, beständigen Formen der Natur ...«
Aber »für die Chippewa zu gezähmt«, sagt Thoreau.

Wilde Iris
vor so langer Zeit
noch keine Spur von Menschen

Jene, die dem Nordweg folgen, die versuchen, aus dem
Trüben ins Helle zu gelangen.
Am 20. Januar 1778 begab sich der Dichter Lenz auf
den Weg, der ins Gebirge führte ...
Nietzsche folgte ihm.
Und Rimbaud.
Und Artaud ...
Lenz brach auf einer Straße in Moskau zusammen.

Nietzsche strauchelte in Turin. Rimbaud krepierte in einem Krankenhausbett in Marseille. Artaud strandete in einer Anstalt in Ivry.

Die großen Einsamen Europas.

Erratische Sonnen auf der Suche nach ihrem Kosmos...

Schilder weisen darauf hin, daß es Karibus gibt.

Ein gewisser John MacLean schrieb um 1840 über die Migration der Karibus:

»Im März tauchen sie auf, aus dem Westen kommend, und ziehen dann weiter durch das Ödland an der Küste, bis sie den Fluß erreichen, wo sie anhalten. Im Oktober folgen die Kühe dem Ufer des George River, bis sie auf die Hirsche treffen. Zusammen kehren sie dann durch das Inland dorthin zurück, wo sie herkamen.«

Die Menschen beobachten sie und sehen das Große Heim des Karibu und den Karibu-Mann, den Herrn der Tiere, der im hohen Norden wohnt...

Mythen, durch die wir leben.

Die Mythen, das Heilige – vernichtet.

Also die verödete Landschaft der letzten Menschen, in der sinnloses Wissen, Hysterie und Langeweile herrschen?

Oder *etwas anderes?*

»Ein rein animalischer Mensch wäre schön wie ein Hirsch, brennend wie eine Flamme, die direkt von unten genährt wird. Und er wäre Teil des Unsichtbaren. Er atmete Stille und hörte nie auf, sich zu wundern.«

Bruder Lawrence.

Kurz bevor man Chicoutimi erreicht, kommt man an den Ha!Ha!-Fluß und den Ha!Ha!-See. Irgendein Indianer muß sich hier einen Ast gelacht haben.
Worüber lachte er?
Über das Sein und das Nichts.
Der erste Surnihilist.
Er trieb Handel mit den Bürgern von Chicoutimi, aber seinen Kopf hatte er in einer anderen Welt.

Chicoutimi, Couscous
und weißer Whisky

»Der Orient, den der Mystiker sucht, ein Orient, der auf unseren Karten nicht eingezeichnet ist, liegt im Norden, jenseits des Nordens. Diesem als Orientierungspunkt gewählten kosmischen Norden kann man sich nur in einer aufsteigenden Bewegung nähern.«
Henry Corbin, L'Homme de lumière

Der Name Chicoutimi kommt von einem Wort aus der *Cree*-Sprache: »Chekotimwo«, was »tiefes Wasser« bedeutet. Am Ufer des Flusses Saguenay gelegen, war Chicoutimi im 19. Jahrhundert ein wichtiger Handelsposten, der wichtigste des ganzen Montagnais-Landes. Zum ersten Mal wird es 1661 in dem Bericht zweier Jesuitenpriester, Gabriel Druillet und Claude Dablon, erwähnt. Sie begleiteten die französische Expedition, die in jenem Jahr eine Verbindung zur Hudsonbai über den Saguenay und den Lac Saint-Jean auskundschaften sollte:

»Am 1. Juni 1661 brechen wir mit vierzig Kanus in Tadoussac auf ... Am sechsten Tag kommen wir frühmorgens in Chicoutimi an, einem ausgezeichneten Ort für das Ende einer schönen Schiffsfahrt und den Beginn des Fußmarsches.«

Der Busbahnhof ist in einem ehemaligen Kino untergebracht, das noch den großartigen Namen Imperial Palace trägt. Ich hole meinen Rucksack aus dem Kofferraum des Busses. Seit meiner letzten Reise ziert ihn die Pfote eines Schneehuhns, die ich in Glasgow ergattert habe. Glücksbringer oder Schmuck?

Ich gehe in eine Bar am Hafen und bestelle einen Whisky.
Ein finsteres Loch, das nach kaltem Rauch und Langeweile stinkt, mit einem riesigen Billardtisch in der Mitte.

Wie sieht Langeweile aus?
Wie ein riesiger Billardtisch ohne Spieler.

Etwas gestärkt vom Whisky, gehe ich wieder hinaus
und wandere im grellen Mittagslicht durch die Straßen
von Chicoutimi.
Dixie Lee's Lunch Counter bietet Hot Dogs und frischen Kabeljau. Das Café Oasis preist Couscous und
Merguez an. Früher oder später werde ich nach etwas
zum Essen Ausschau halten, aber im Moment wandere
ich weiter, lauernd auf irgend etwas, ein kleines Zeichen, das meinen Geist anregt.

Essen Sie ein Nudelgericht hier
und nehmen Sie ein zweites mit nach Hause.

Das ist ein Chinese.
Ich merke, daß ich nur Restaurants wahrnehme, also
beschließe ich, essen zu gehen, damit ich an etwas
anderes denken kann. Zum Beispiel daran, ob ich die
Nacht in Chicoutimi verbringe oder weiterfahre.
Ich gehe ins Café Oasis und esse Merguez, während es
aus dem Radio singt: *J'aime tes seins, j'aime tes reins,*
nous nous aimons comme des chiens. Ungefähr so ero-
tisch wie ein Bandwurm.
Genau in dem Moment geht eine kleine Pocahontas
vorbei.
Ach, meine Schönheit der Wälder!
Sie geht, sie ist fort...
Ich beschließe, trotzdem zu bleiben.
Habe Chicoutimi noch keine Chance gegeben.

Ich besuche das Stadtmuseum. Es ist traurig, aber an vielen Orten muß man heute ins Museum gehen, wenn man eine Spur von Leben finden will.

Nicht zu glauben! Die Indianer hier trugen alle *tartan*. Die schottischen Pelzhändler mußten ihnen Schottenstoff für die Felle angedreht haben. Bekanntlich wurde nach dem Aufstand von 1745 in Kaledonien das Tragen von *tartan* verboten, und ich habe mich schon immer gefragt, was sie mit all diesem Zeug getan haben mochten. Jetzt weiß ich es.

Ich verweile vor einer Montagnais-Trommel, einem Kanu aus Birkenrinde und einem Gewehr mit besticktem und perlenverziertem Schulterriemen...

Neil McLaren (1766 in Lochearn, Perthshire, geboren) war von 1800 bis 1805 Vertreter der Nordwestkompanie in Chicoutimi. Er führte ein Tagebuch, in das er jeden Tag seine Transaktionen eintrug. Mit schottischer Gründlichkeit notierte er auch die Temperatur, ebenso wie Windstärke und Windrichtung:

»Dienstag, 12. Oktober 1802. Ein kalter, düsterer Tag. Ostwind und leichter Schneefall. Wir haben 20 Pakete für den Lac Saint-Jean und Asouapmouchouan gepackt.«

Ein »Paket«, das für die Trapper im Hinterland bestimmt war, konnte alles enthalten, von Kugeln bis Whisky, über Mehl, Erbsen, Mais, Geselchtes, Fett, Tee, Tabak und Tonpfeifen...

McLaren vermerkt einmal, daß er sieben Faß »Beauport Whisky« auf vierundsiebzig Krüge verteilt hat, und fügt hinzu, daß der Whisky »für den allgemeinen Verbrauch mit 50% Wasser verdünnt wurde«. Er selbst war kein großer Trinker, aber sicher kippte er gern ab und zu ein Gläschen, in welchem Fall er ganz bestimmt nicht die Version »für den allgemeinen Verbrauch« wählte. Nicht daß ich ihm unterstellen möchte, daß er dasselbe Feuerwasser 100%ig trank. Eher kann ich mir vorstellen, daß er sich eine kleine Stärkung aus einem anderen Whiskyfaß genehmigte, von dem er an anderer Stelle spricht: dem Faß mit »Marc Beaumonts feinem Whisky Blanc«.

Die Felle kamen ab Mai–Juni, wenn die Seen und Flüsse aufgetaut waren und die Trapper ihre Häute mit dem Kanu zum Handelsposten bringen konnten.

Alle Arten von Fellen, auf denen noch der Schimmer des Nordens lag: Biber, Zobel, Bisamratte, Luchs, Otter, Nerz...

Man muß sich vorstellen, wie sie den Saguenay hinunterkommen, Kanu um Kanu. Der Trapper springt an Land, packt seine Ladung aus, schließt seinen Handel ab, läßt sein Gewehr zur Reparatur in der Schmiede, haut in der Stadt sein Geld auf den Kopf und kehrt in die Wälder zurück.

Der Indianer wird nach und nach verdrängt. Der Eindringling wird zum Einwohner, und der Eingeborene wird unerwünscht.

Ab und zu taucht einer dieser Indianer beim Handelsposten auf, halb verhungert und verrückt:

»Samstag, 23. Januar 1802. Heute ist der Indianer
Kamushenagush gekommen, um für eine Indianerfa-
milie der Islets de Jérémie Mehl zu holen.«

Als später im Jahrhundert die Sägewerke vor ihren
Augen die Wälder zu verwüsten begannen, spürten die
Indianer, daß es Zeit war, sich zu wehren. Sie taten es
sehr bescheiden, indem sie an den Gouverneur in Quebec, Lord Elgin, eine Petition schickten:

»Gib uns ein Stück Land am Lac Saint-Jean. Hindere
die fremden Wilden daran, unsere Wälder zu roden
und auf unserem Grund zu jagen. Wenn du uns nicht
gewährst, worum wir dich bitten, werden wir verschwinden wie der Schnee in der Frühlingssonne. Ich
habe gesprochen.«

1848 bekamen die Montagnais-Indianer eine kleine,
lächerlich kleine finanzielle Entschädigung. 1856
wurde in Pointe Bleue ein Reservat geschaffen. Ich
werde in ein oder zwei Tagen dorthinfahren.

Aber inzwischen lasse ich es mir in Chicoutimi gutgehen.

Abends mache ich einen Spaziergang am Saguenay
entlang: graues Wasser mit silbrigen und goldenen
Sprenkeln.

Wie schön!

Etwas Indianisches in der Luft.

Pointe bleue

»Wir haben diese Reise gemacht,
um unser Leben zu finden.«
Irokesisches Lied

Wir verlassen Chicoutimi auf der 170 West und biegen bald ab auf die 169 Nord. Wir fahren durch den Kenogami Wald, dann den Lac Saint-Jean entlang.

Ich frage mich, wann wir diese ganze biblische Toponymik endlich loswerden. Den indianischen Namen dieses Sees kenne ich nicht, aber ich möchte wetten, daß er schön war und genau. Vielleicht hieß er Blauer-Wellen-See oder Sommerstürme-See oder Viel-Bäume-See. Benannt von Leuten, die ihn wirklich kannten, die mit seiner physischen Realität in Berührung kamen. Aber Lac Saint-Jean, ich bitte Sie! War der heilige Johannes denn hier? Von wegen! Er latschte durch Galiläa. Und die Leute, die den See Saint-Jean getauft haben, waren auch nie wirklich hier. Ihre Hinterköpfe klebten an einem dicken schwarzen Buch. So verpaßten sie der Wirklichkeit Namen aus diesem Buch und gingen hin und arbeiteten und vermehrten sich, wie das Gesetz es ihnen befahl. Das ist Kultur, um welches Buch oder Gesetz auch immer es sich handelt. Und das hat nichts zu tun mit der in all ihrer Schönheit empfundenen Wirklichkeit. Deshalb konnte Flaubert sagen, daß »die Kultur eine Verschwörung gegen die Poesie« ist.

Die Nacht bricht herein, und ich komme nach Dolbeau.

Ein scharfer Wind bläst auf der Straße. Keine Menschenseele. Nur der Wind. Wo sind sie alle?

Mit dem Ticket, das mich berechtigt, bis ans Ende der Welt zu fahren, kann ich zu speziellen Konditionen in gewissen Hotels, die an der Strecke liegen, absteigen.

Ich versuche also, das Hotel ausfindig zu machen, das auf meiner Liste steht.

Auberge de la Diligence.

Aber ich komme an einem, zwei, drei Hotels vorbei, ohne eine Spur vom »Gasthof zur Postkutsche« zu sehen.

Schließlich begegne ich auf der Straße einem Alten. Es muß der Penner des Ortes sein. Ich frage ihn:

Wo ist, bitte, die Auberge de la Diligence?

Er denkt eine Weile mit der übertriebenen Konzentration des Säufers nach, überlegt und meditiert und erklärt endlich:

Habe überhaupt gar nie davon gehört.

Der Gasthof zur Postkutsche muß, gleich nachdem Buffalo Bill zum letzten Mal hier durchkam, seine Pforten geschlossen haben.

Ich gehe in ein anderes Hotel.

Das Zimmer ist schmutzig: ein zahnpastaverschmiertes Waschbecken, ein nasses Handtuch, Flecken auf dem Teppich, ein Bettüberwurf voller Brandlöcher von Zigaretten – es stinkt nach Traurigkeit, einer sehr amerikanischen Traurigkeit. Dem Tod unzähliger Handlungsreisender...

Eine Nacht in Dolbeau.

Ich schlendere durch die ausgestorbenen Straßen. Im Schaufenster eines Sportgeschäfts sehe ich eine Schallplatte, die lehrt, wie man den Elch anlockt und jagt.

Ich lese die Instruktionen auf der Hülle.

Muh-huh, muh-huh-huh...

Ich stehe vor dem Schaufenster und stoße elchisches Gebrüll aus. Bis ich merke, daß ich Gefahr laufe, völlig auszurasten. Da beschließe ich, den Abend für beendet zu erklären und schlafen zu gehen.

Am Tag zuvor habe ich in Chicoutimi zwei Bücher gefunden, die ich bis in die frühen Morgenstunden lese. Es handelt sich um *Labrador et Anticosti* von V. A. Huard, 1897 in Chicoutimi geschrieben, und *Dialogues avec un sauvage* von La Hontan (18. Jahrhundert).

Für den salbungsvollen, demütig-selbstzufriedenen Pater Huard sind die Montagnais-Indianer »die armen Kinder der Wälder«. Er gibt die Verheerungen zu, die von der europäischen Zivilisation bei ihnen angerichtet worden sind: Kaum zweitausend sind von ihnen übrig, und denen geht es nicht gut. In ein paar Jahren, sagt er, werden sie ganz und gar verschwunden sein. »Doch«, fügt er hinzu, um einen Lichtstrahl in dieses allzu traurige Bild zu bringen, »dank der guten Missionare, die dem im Sterben liegenden Volk mit ihrer Opferbereitschaft beistehen, wird sein Tod erbaulich sein«. So steht alles zum besten, und wir können dem Herrn weiterhin danken.

La Hontan ist ein offenerer, lebendigerer Geist. 1666 im Südwesten Frankreichs geboren, kam er 1683 nach Kanada, veröffentlichte eine englische Übersetzung seiner *Dialogues curieux avec un sauvage* 1702 in London (London und Amsterdam waren zu der Zeit die einzigen Orte, wo man denken konnte, ohne um seine Haut zu fürchten) und starb wahrscheinlich um 1715, Gott weiß wo. Für La Hontan, der mitten in der Epoche schrieb, die gekennzeichnet ist durch das, was man die »Krise des europäischen Geistes« nennen sollte, sind die Indianer, weit davon entfernt, auf den Status von »armen Kindern aus den Wäldern« reduziert zu werden, »nackte Philosophen«, deren Denken und Lebensweise entwickelter sind als alles, was man in Europa finden kann. In der Tat, je weiter man in der Lektüre der *Dialogues* fortschreitet, desto lächerlicher erscheint das Christentum und die europäische Ideologie überhaupt. »Mit großem Vergnügen, mein lieber Ondario«, sagt La Hontan augenzwinkernd zu seinem Algonkin-Gesprächspartner, »möchte ich mit dir über das Wichtigste auf der Welt diskutieren, handelt es sich doch darum, dir die großen Wahrheiten des Christentums nahezubringen.« »Ich will dir gern zuhören, mein lieber Bruder«, sagt der Indianer, »um über viele Dinge Klarheit zu bekommen, die die Jesuiten uns seit langem predigen, und ich möchte, daß wir mit soviel Freiheit wie möglich miteinander sprechen. Wenn dein Glauben demjenigen gleicht, den die Jesuiten uns predigen, ist es nutzlos, daß wir uns unterhalten. Denn sie haben mir so viele Märchen aufgetischt, daß ich nur glauben kann, daß sie zuviel Verstand haben, als daß sie sie selbst glauben ...«

So ist für einen Geist des 18. Jahrhunderts, der die Voraussetzungen des Okzidents (oder, sagen wir, einige von ihnen) in Frage stellt, der Indianer ein »nackter Philosoph«, der ihm hilft, die Dinge in einem radikalen

Licht zu sehen. Für einen Geist des 19. Jahrhunderts in seiner dumpfen Selbstgenügsamkeit ist der Indianer ein »armes Kind«, dessen einzige Chance darin besteht, das Kreuz zu küssen und den Herrn anzubeten. Was ist er für uns heute? Eine Nostalgie. Die Erinnerung an eine der schönsten Kulturen der Welt.

Als ich am nächsten Tag frühmorgens mein Hotel Le Repos du Chasseur verlasse, rechtzeitig um den ersten Bus wohin auch immer zu erwischen, tauche ich erleichtert in einen schönen frostblauen, rosigen Morgen. Da erscheint am Ende der Main Street der breite, stupsnasige Wagen der Sûreté municipale und kommt langsam und drohend näher wie die Schlange im Paradies.

Mein Gott, ich bin froh, Dolbeau zu verlassen!
Der 6.30 Uhr-Bus hält nicht in Pointe Bleue, er fährt direkt nach Quebec. Um 7.20 Uhr gibt es einen nach Roberval.
Ausgezeichnet.
Ich betrete eine Kneipe.

Kleine Gerichte. Unterhaltung.

Spiegelei, Toast, Kaffee!
Ich sitze direkt neben den dicken Pepsi- und Cola-Automaten. Zu meiner Rechten kündet ein Plakat den *Concours de panache* des Jagdclubs von Dolbeau an. Zu meiner Linken rühmt ein anderes die Vorzüge des *Supercool Fruitflavored Slush.*
Und im Tabernakel brennt das Neonlicht.

Ich unterhalte mich kurz mit John Cowper Powis (»Wenn mein Leben in Amerika mich etwas gelehrt hat, dann einen gewissen einsamen und vielleicht verzweifelten Stoizismus«), dann gehe ich wieder zum Busbahnhof.

Rauhreif auf den Ahornblättern, die den Boden bedecken. Ein Radio verkündet: »In höheren Lagen Frost.«

Der Motor des Autobusses fängt an zu knattern und zu qualmen.

Roberval.

Was ist das für ein Standbild mitten in der Stadt?

HOMMAGE A SAINT JEAN DE BRÉBEUF ET A SES COMPAGNONS MARTYRS

Das ist der Typ, der dem See seinen Namen gegeben hat. Bestimmt auch ein Jesuit.

Gut, die Indianer haben ihn getötet, na und?

Um so besser für die Indianer.

Sie hätten ihn natürlich nicht umbringen müssen. Das war die falsche Strategie. Sie hätten ihn auslachen oder ihn im See untertauchen sollen. Aber er muß es wirklich darauf angelegt haben. Ich sehe die Szene vor mir.

Indianer, meine Brüder, wird er gesagt haben, der alte Narr, meine lieben, meine liebsten Brüder, ich bin gekommen, euch zu sagen, wie ihr das Ewige Leben erlangt. Ich weiß natürlich, daß ihr mich martern werdet, aber vorher will ich euch von Unserem Herrn und vom Ewigen Leben erzählen. Ach, ich habe zufällig eine Wurst in meiner Tasche.

Schafft uns diesen perversen Paranoiker vom Hals!

Oh, welcher Hohn...

Weg mit ihm!

Ach, ich weiß, daß ihr mich martern werdet...

Niemand wird dich martern, Rattengesicht, wir wollen nur, daß du verschwindest.

Ihr werdet mich nicht martern? Ihr meint, ich habe jahrelang diesen ganzen Quatsch geschluckt, bin mit einem Masochismus erster Güte in dieses Ungläubigenkaff gekommen, und ihr wollt keinen Märtyrer aus mir machen?

Also gut, wenn das zu deiner Religion dazugehört, dann hör auf zu plärren und sag uns, wie man es anstellt.

Ihr nehmt einfach dieses Kreuz und haut mir damit auf den Kopf. Verstanden?

Verstanden.

Also los, in Gottes Namen.

Sie schlagen los.

Peng!

Gut so?

Seufzer.

Wieder ein Märtyrer.

Und der Indianer schleppt sein schlechtes Gewissen mit sich herum. Jahrhundertelang wird man ihn daran erinnern, wie er all diese reinen Herzen, all diese Wohltäter der Menschheit liquidiert hat. Und schließlich hat er es geglaubt. Kein Wunder, daß er sich zu Tode säuft.

Raben und Stare fliegen über Roberval, als ich den Weg
nach Pointe Bleue einschlage, und eine frische Brise
weht.

KUEI

IL NU-TENU

Willkommen

Indianerdorf

Gegründet 1856. 1587 Einw.

Montagnais-Stamm

Da sind wir also: im Pointe-Bleue-Reservat. Ich gehe in
das Gemeindezentrum.
Dort erfahre ich, daß der Häuptling im Urlaub in der
Schweiz ist und daß sein Stellvertreter auf der Jagd in
Chibougamou ist. Kein Problem. Ich möchte nicht die
Häuptlinge sehen, sondern die Schamanen. Und vielleicht muß ich mich mit Phantomschamanen begnü-
gen. Ich weiß das.
Ich sehe, daß es im Gemeindezentrum ein Museum
gibt, ich besichtige es und sammle ein paar Informationen über das Montagnais-Gebiet, die Jagdtechniken
der Indianer und das Gerben der Karibuhäute. Ich bin
wissensdurstig. Selbst wenn ich nie in meinem Leben
eine Karibuhaut gerben werde, weiß ich doch, wie man
es macht. Sie haben nicht zufällig ein wenig Bärenfett?

Nach dem Museum erforsche ich das Dorf. Ich gehe am
Hudson's Bay Store vorbei und betrete einen Hand-
werksladen. Dort treffe ich auf John Robertson, der
»Indianerstatus« hat und dessen Großvater aus Glas-

gow kam, um für die Hudsonbai-Kompanie zu arbeiten, eine Indianerin geheiratet hat und Indianer geworden ist:

Freut mich sehr, einen Schotten zu treffen.

Als ich John Robertson sage, daß ich in den Norden will, fängt er an, über die Naskapi zu reden. Nach ihm sind sie eine Mischung aus Indianern und Inuit, das sind Eskimos. Er sagt, ich würde sie in Scheffer (Schefferville) finden. Dort hat man sie hingeschickt, nachdem sie in Fort Chimo jahrelang Hunger gelitten hatten, seit der Karibu aus dem Gebiet verschwunden war. Wo sind all diese Karibus hingekommen? Ein Rätsel. Aber die Naskapi sind in Schefferville.

In einem anderen Laden, einem kleinen Ausschank, treffe ich auf den Sohn des Hauses, einen großen, gut gebauten Burschen mit langen schwarzen Haaren, der Trapper werden will. Er wird eine Jagdschule in den Wäldern hinter Dolbeau besuchen. Ja, ihm gefällt die Idee, Tiere zu jagen. Er wird mal kurz absahnen in der Gegend und sich auf Luchse konzentrieren – »das lohnt sich«.

Während wir darüber sprechen, kommt der alte Opa herunter. Bis er siebzig wurde, ist er jedes Jahr in die Wälder gegangen. Jetzt ist er fünfundachtzig. Er wirft einen Blick auf meinen Rucksack:

Bist du auf Reisen? Das muß Spaß machen, reisen.

Ich sage zu ihm, daß er auch nicht wenig herumgekommen sein wird zu seiner Zeit.

In den Wäldern sein ist nicht reisen.

Was ist denn reisen?

Mit dem Flugzeug fliegen. Länder sehen. All das.

Sie wollen Länder sehen?

Ich will Frauen sehen.

Die Mutter hat sich zu uns gesellt, und die drei Generationen sind vereint.

Sie macht eine Bemerkung über das kühle Wetter:

Die Temperatur ist nicht angenehm.

Gestern schneite es schon, und sie sind alle erkältet.

Wir sind nicht robust genug.

Das ist die Ernährung, sagt sie. Sie kauft ein Huhn von acht Pfund im Laden, aber wenn es gekocht ist, wiegt es nur noch vier Pfund. Nichts als Wasser. Und mit Chemie vollgepumpt. Schlecht. Und zudem, fügt sie hinzu, bewegt man sich nicht genug. Immer vor dem Fernseher.

Du bist indianischer als wir.

Ich bin wieder auf dem Weg nach Roberval, als ich hinter mir Schritte und Gekicher höre.

Drei Mädchen, vielleicht zwölf Jahre alt.

Ich frage sie, was sie über Pointe Bleue denken.

C'est le fun.

Sie glucksen und reden Montagnais, während sie mir auf den Fersen folgen.

Wie sagt man »auf Wiedersehen« auf Montagnais?

Wieder Gekicher.

Niaut.

Also, *niaut!*

Niaut!

Es wurde kälter, der Himmel war grau. Die Sonne da oben verloren wie ein Zehn-Cent-Stück.

Ich umkreise
ich umkreise

die Grenzen der Erde
die Grenzen der Erde

ich habe Flügel und fliege
ich habe Flügel und fliege

Dieses Lied vom Tanz der Geister ging mir nicht aus dem Sinn.

Eskimo Joe

»Nach der Straße die Bäume...
Danach die unbekannten Länder...
Und dann nichts mehr.«
Céline

Die nächste Etappe war Sept-Iles. Der Bus fährt die Nordküste entlang durch Sainte-Rose-du-Nord, Sacré-Cœur-Saguenay, Tadoussac, Grandes-Bergeronnes, Sault-au-Mouton, Betsiamites, Baie-Comeau, Godbout, Baie-Trinité, Pointe-aux-Anglais, Rivière-Pentecôte, Port-Cartier, Clarke City...

In dem hellen blauen Licht eines Oktobernachmittags haben wir Kilometer um Kilometer zurückgelegt. Es gab noch ein paar Passagiere, als wir Chicoutimi verließen. Aber in Tadoussac leerte sich der Bus, und jetzt bin nur noch ich übrig und ein Jäger im Schottenkarohemd mit Rucksack und Gewehr.

Walt Whitman besuchte »das wilde Land des Saguenay« um 1880. Er schrieb einen kleinen Text, in dem es heißt, daß der Saguenay sich von allen anderen Flüssen unterscheidet: »Ein heftigeres Spiel von Licht und Schatten.« Die Echos von Tadoussac (*taj-oosac*, fügte er in Klammern hinzu, um die kanadische Aussprache zu präzisieren) ließen ihn aufhorchen, und er bewunderte das Kap Éternité und das Kap Trinité. »Sie haben mich tiefer beeindruckt als alles Derartige, was ich bisher gesehen habe.«
Es ist nicht das Beste, was der alte Walt geschrieben hat, aber es gefällt mir, ihm hier zu begegnen:
»Ich schreibe nur ein oder zwei Worte für die Zukunft, ich gehe nur einen Moment vorwärts, um mich dann umzudrehen und eilig in die Dunkelheit zurückzukeh-

ren. Ich bin ein Mann, der, umherschlendernd, ohne je stehenzubleiben, einen zufälligen Blick auf dich wirft und dann sein Gesicht abwendet und es dir überläßt, es zu beweisen und zu definieren, indem er das Wesentliche von dir erwartet...«

Der Jäger stieg in Escoumins aus und machte sich auf in die roten Wälder. Es sah so aus, als sollte ich die Reise allein fortsetzen. Aber in Betsiamites stiegen zwei Indianer zu.

Na, besucht ihr eure Vettern? sagt der Fahrer, der es gewohnt ist, daß die Betsiamites Indianer ins Sept-Iles-Reservat fahren, um ihre Freunde zu besuchen.

Die Indianer lassen sich nieder und packen ihr Bier aus.

Die Küste ist sehr schön.

Felsen, Möwen – und da drüben, blaugrau, ein Reiher!

KABELJAU ZU VERKAUFEN.

Raben sitzen in den Tannen.

FRISCHER LACHS.

Um halb sechs wird es Nacht.

Wir fahren an einer großen Aluminiumfabrik vorbei, die erleuchtet ist wie ein Weihnachtsbaum.

Ein paar Kilometer weiter Sept-Iles.

Ich steige mit den Indianern aus und tauche in die Dunkelheit ein.

Später in dieser Nacht begegne ich Eskimo Joe.

Er steht auf dem Gehweg, schwankt vor und zurück und deklamiert ins Schwarze.

Ein King Lear des Eises!

Als ich näherkomme, streckt er mir sein vom Fell einer Anorakkapuze eingerahmtes Gesicht entgegen und sagt:

Hast du vielleicht 'n paar Cents?

Ich frage ihn, was er damit will, aber es ist eine rein formale Frage, denn der Geruch, der aus seinem Mund kommt, würde einen Wal erbleichen lassen.

Rum.

Ich greife in meine Tasche und hole einen Dollar heraus. Den gebe ich ihm.

Komm, trink einen mit mir!

Er brüllt das mit einem irischen Akzent, daß es einem die Schuhe auszieht.

Wer ist dieser Typ? Ein Eskimo aus Dublin? Der Gaukler der nördlichen Welt?

Wir gehen in die Bar.

Der Barkeeper schaut den Eskimo an, schaut mich an, sagt aber nichts.

Rum! Zwei!

Der Rum steht auf der Theke.

Ex.

Woher kommst du?

Nordlabrador.

Ich frage ihn, wie er heißt.

Nenn mich Joe, so nenen mich alle...

Und er ergeht sich in einem langen gemurmelten Monolog über »alle«.

Ich bin neugierig und will mehr erfahren.

Arbeitest du hier?

Nein, ich bin hier *arbeitslos*.

Was hast du gemacht?

Eisenerz! Die Kompanie...

Und er fällt wieder in seinen genuschelten Monolog.

Wo hast du denn diesen irischen Akzent her?

Überall! Auf Montage! Da kommt man rum!

Wo gehst du jetzt hin?

Bei dieser letzten Frage kommt ein kühnes Leuchten in seine hyperboreischen Augen, und mit einer weitausholenden Armbewegung dröhnt er: Transkanada!

Schlaflose Nacht

*»Durch unermeßliche Höhlen
hinab in sonneloses Meer.«*
Coleridge

Mitternacht an der Nordküste.

Am Fenster meines Zimmers stehend, sehe ich kalten Nebelschwaden zu, die über den Sankt-Lorenz-Strom ziehen.

Und ich erinnere mich an gewisse transzendentale Reisende, denen ich auf meinem Weg begegnet bin...

Über das Gedicht sprechend, das ihn verfolgte, das wie ein Nebel in seinem Kopf waberte, bemerkte Samuel Taylor Coleridge, dieser Kublai Khan der Intelligenz, es wäre ihm unvorstellbar, weniger als zwanzig Jahre darauf zu verwenden: zehn Jahre, um Material zu sammeln (Lektüre über Mechanik, Hydrostatik, Optik, Astronomie, Botanik, Metallurgie, Fossilienkunde, Geologie, Chemie, Anatomie, Medizin und die Psychologie des Menschen, wie sie sich in Reisen und historischen Berichten manifestiert), dann fünf Jahre, um all dieses Material sich setzen zu lassen, und noch einmal fünf Jahre, die der eigentlichen Komposition des Gedichtes gewidmet sind.

So träumte Coleridge bei seinen Spaziergängen um die Seen Nordenglands.

Henry Thoreau spazierte an den Ufern des Waldensees entlang. In Walden war Thoreau eine Randfigur. Aber bei seiner Wanderung auf den Mount Ktaadn ist er noch radikaler. Da bewegt er sich nicht mehr am Rande, da *schlägt er eine neue Seite auf*, und ein großer nihilistischer, übermenschlicher Wind weht:

»Es ist schwierig, sich eine Gegend vorzustellen, die nicht von Menschen bewohnt ist. Gewöhnlich setzen wir überall seine Anwesenheit und seinen Einfluß voraus. Und doch haben wir keine reine Natur gesehen, bevor wir sie nicht so weit, öde, unmenschlich gesehen haben... Hier war die Natur etwas Wildes und Schreckliches, wenn auch Schönes. Ich sah mit Ehrfurcht auf den Boden, auf dem ich ging... Dies war die Erde, von der wir gehört haben, entstanden aus Chaos und Finsternis.

Hier war kein Garten des Menschen, sondern der schmucklose Erdball. Es war weder Rasen noch Weide, noch Wiese, noch Waldland, noch Aue, noch Acker, noch Ödland. Es war die unberührte, natürliche Oberfläche des Planeten Erde... Man spürte dort deutlich die Präsenz einer Kraft, die nicht dem Menschen verpflichtet war. Es war ein Ort für Heidentum und abergläubische Riten, dazu bestimmt, von Menschen bewohnt zu werden, die Felsen und wilden Tieren verwandter sind... Über Geheimnisse reden! Denkt an unser Leben in der Natur, wie sie sich uns täglich zeigt, wie wir täglich mit ihr in Berührung kommen: Felsen, Bäume, Wind auf unseren Wangen – die feste Erde, die wirkliche Welt! Wer sind wir? Wo sind wir?«

»Wir sind Hyperboreer«, sagt Nietzsche, der wie die anderen aus meinem Gedächtnis spricht, »wir wissen gut genug, wie abseits wir leben. ›Weder zu Lande noch zu Wasser wirst du den Weg zu den Hyperboreern finden‹: Das hat schon Pindar von uns gewußt... Wir fanden den Ausgang aus ganzen Jahrtausenden des Labyrinths. ... An dieser Modernität waren wir krank. Lieber im Eise leben als unter modernen Tugenden und andern Südwinden!... Wir wußten lange nicht, wohin. Wir wurden düster, ein Gewitter war in unsrer Luft, die Natur, die wir sind, verfinsterte sich... Man hieß uns Fatalisten. Unser *Fatum* – das war die Fülle der Kräfte.«

Herman Melville kam während seiner Flitterwochen nach Kanada, in seinem neunundzwanzigsten Lebensjahr. In Montréal traf er mit Kapitän Coffin zusammen, der gerade zum Walfang aufbrach an die Nordküste und bis hinauf nach Labrador. Vielleicht keimte da die Idee vom Weißen Wal. Mit dieser Idee vermischte sich tief in Melvilles fruchtbarem und chaotischem Geist auch die Erinnerung an ein Mädchen: ein Mädchen, das er auf seiner Englandreise in der Postkutsche zwischen London und Bristol kennengelernt hatte. Sein Name? Adelina White.

Im Museum von Stromness, einem kleinen Hafen der Orkneyinseln, wo die Walfangschiffe ihre Mannschaften anwarben, bevor sie weiter nach Norden fuhren, bewunderte ich vor ein paar Monaten eine Sammlung von Harpunen: ihre eleganten Linien, den matten Lichtschimmer auf ihren Spitzen.
Während ich die Harpunen betrachtete, dachte ich an

Melville und an ein Wort, das ich an jenem Tag beim Aufwachen im Kopf hatte und von dem mir nicht einfiel, aus welchem Zusammenhang es stammte: das Wort »Archaographie«.

Das Schreiben eines archaischen, archetypischen Wesens?

Ich hatte die Runen in den Steinplatten von Meashowe gesehen: »Diese Runen wurden mit einer isländischen Axt vom größten Dichter westlich des Ozeans eingraviert!«

Melville sprach von »ontologischen Helden«.

Man findet bei ihnen eine Liebe zur Welt (ebenso wie einen Abscheu vor dem, was die Menschheit aus ihr macht), eine maßlose, enzyklopädische Liebe und ein Sich-Verausgaben, das bis zu ekstatischer Vernichtung gehen kann.

Sollte es heute darum gehen, eine atlantische Bibliothek aufzubauen irgendwo am Ende der Welt, einen Sammelpunkt der Energie, der alles Geschwätz transzendieren würde? Oder sollten wir, jenseits aller Bibliotheken, versuchen, die Hand am Puls unserer lebendigen Erde zu haben, und, wenn auch fragmentarisch, die ursprüngliche Welt sprechen lassen?

Wahrscheinlich beides.

Um irgendwo zu etwas zu gelangen, das über alle Familienalben hinausgeht.

»Niemand geht in den Norden, in den äußersten Norden des Menschen«, sagt Valéry.

Thoreau dachte, er müßte Indianer werden.

Hardy sagte, das Neue Tempe wäre irgendwo bei Thule.

»Transkanada«, hatte Eskimo Joe gesagt.

Ich übersetze: »Transhumanität.«

Hier in meinem Zimmer, an der Nordküste des Seins...

Bevor ich schlafen gehe, hole ich eine halbe Flasche Whisky aus meinem Rucksack und trinke auf die ontologischen Helden der ganzen Welt.

Der Wind in
Sept-Iles

*»Nie habe ich so tief mein Losgelöstsein von mir selbst
und zugleich meine Anwesenheit in der Welt gefühlt.«*
Albert Camus

Morgens auf dem alten Pier von Sept-Iles betrachte ich den großen, blauen, weißgefleckten Fluß und denke an Jacques Cartier, dessen *Voyages de découverte au Canada* mich begleiten, seit ich Frankreich verlassen habe:

»Am Donnerstag kamen wir zu sieben sehr hohen Inseln, die wir die Runden Inseln nannten und die ungefähr vierzig Meilen vom Festland entfernt sind und sich drei oder vier Meilen ins Meer erstrecken...«

Das war am 19. August 1535.

Vier Jahrhunderte später sind die Sept-Iles immer noch da: Grande Basque und Petite Basque, Corossol, Grande Boule und Petite Boule, Manowin und Dequen, in den rosigen Dunst einer Sankt-Lorenz-Morgendämmerung getaucht. Die Stadt, die sich an dieser Stelle entwickelt hat, ist nicht mehr das kleine Indianerdorf von einst, in dem Karibujäger verkehrten und später eine Handvoll Angestellter der Hudsonbai. Vor einigen Jahren ist sie zu Bedeutung gekommen, und die ganze Welt kennt sie jetzt unter dem Namen Iron Klondyke.

Lange Züge bringen das Eisenerz aus Westlabrador. Man lädt es hier auf die großen Schiffe, die es weitertransportieren: nach Cleveland, Philadelphia, Rotterdam, Nagasaki... Eines dieser dickbauchigen Schiffe, die *Masukawa Maru*, liegt gerade massiv und lautlos dort am Eingang des neuen Hafenbeckens östlich des alten Piers.

Aber lassen wir im Moment den Eisenerzboom beiseite und kommen wir zurück zu Jacques Cartier:

»Kurzer Bericht & knappe Erzählung der Schiffreise zu den Inseln Kanadas, Hochelage & Saguenay & anderen und der besonderen Sitten, Sprache & Zeremonien ihrer Bewohner: sehr vergnüglich anzusehen.«

Die Ausgabe der *Voyages* von Cartier, die ich besitze, ist 1968 in Paris erschienen. Symbolische Koinzidenz. Denn viele von denen, die zu der Zeit in Frankreich lebten, wünschten das Ende einer Kultur herbei und den Beginn von *etwas anderem*. Aber dieses »Andere« bleibt noch zu entdecken. Für mich bestand ein Aspekt dieser Veränderung darin, aus der Geschichte heraus- und in die Geographie einzutreten. So begann ich, alle alten Reiseberichte, die ich auftreiben konnte, zu lesen und noch einmal zu lesen:

»Wir waren auf der Höhe von Neufundland, wo man Kabeljau fängt, und von Kanada, einer Gegend, wo es gewöhnlich äußerst kalt ist.«

Das ist nicht mehr Jacques Cartier, sondern Jean de Léry in seinem *Journal de bord*, das ich, wie ich mich erinnere, um den Januar 1969 herum im Café de l'Europe gelesen habe. Ich mochte dieses Gefühl von Frische, das es mir gab, seinen Rhythmus, seine direkte Einfachheit. Welche Erleichterung nach all dieser verbalen Militanz, all diesen ideologischen Streitereien, all diesem moralpolitischen Gerede, das unablässig die gleichen abgedroschenen Themen breittrat und überhaupt keine *Weltoffenheit* hatte! Wir litten an kultureller Abgeschiedenheit, und dieser ganze Kram konnte dem Übel nicht abhelfen, sondern war nur das letzte

Symptom der Krankheit. Wir mußten die alten Geleise verlassen und viel weiter gehen.

Als Cartier im April 1534 im Alter von dreiundvierzig Jahren Saint-Malo verließ, war sein Auftrag, einen nordwestlichen Seeweg nach China zu finden, zum Reich des großen Khan, und eine Menge Edelmetalle und Gewürze nach Frankreich mitzubringen. Er fand weder den Weg noch Edelmetalle, noch Gewürze, aber er fand in »Neufundland« Fisch im Überfluß (»Makrelen, Meeräschen, Seebarsche, große Aale und andere Fische«), riesige Vogelkolonien (»es gibt ebenfalls zahlreiche Kraniche, Schwäne, Gänse, Enten...«) und etwas Seltsames und Wunderbares, Delphine:
»Am nächsten Morgen (3. September 1535) setzten wir die Segel und stachen in See. Da bemerkten wir eine Fischart, von der kein Mensch je etwas gehört oder gesehen hat. Besagte Fische sind groß wie ein Kabeljau, Kopf und Körper sehen fast wie bei einem Windhund aus, sie sind weiß wie Schnee, ohne einen Fleck, und es gibt eine große Menge von ihnen in diesem Fluß, die zwischen Meer und Süßwasser leben. Die Einheimischen nennen sie *adhothuys*...«
Cartier war vielleicht etwas abgestoßen von der wilden und unwirtlichen Landschaft der Küste Labradors. Aber im Ruhestand in Saint-Malo muß der alte Kapitän mitten in Familienstreitereien mehr als einmal sehnsüchtig daran zurückgedacht haben. Und oft genug müssen durch seine Träume die Delphine geglitten sein, diese schönen, sinnlichen Delphine, Symbole des

nackten Amerika, die sich in den Wassern des Sankt-Lorenz-Stroms tummeln. Aber da war noch nicht der Sankt-Lorenz, sondern einfach »der große Fluß«.
Ein großer Fluß voller Fische.

Ein kleines Fischerboot hat am alten Pier festgemacht und tanzt lustig auf dem blauen Wasser. Ich schaue zu, wie Kabeljau, Steinbutt und Krebse ausgeladen werden.
Ich verlasse den alten Pier, gehe am Hudson's Bay Store vorbei und stoße an der Ecke von Arnaud und Blanche auf den Eingang zum Eisenerzhafen, zum Iron Ore Terminal: »Für Unbefugte kein Zutritt.«
Das gilt wohl auch für mich, und so gehe ich weiter.

Als zweihundert Meter weiter ein Taxi vorbeifährt, winke ich ihm, und wir fahren in die Stadtmitte. Ich bringe das Gespräch auf das Eisenerz:
Ohne Erz gäb's hier kein Leben.
Ich sage, ich hätte viel von Arbeitslosigkeit reden hören.
Das gibt's viel, ja.
Warum?
Es wird nichts gebaut. Lauter Penner in der Regierung.
Sind Sie von Sept-Iles?
Ich bin schon lang hier.
Ist Sept-Iles Ihre Heimat?
Ich kenne nicht viele, für die Sept-Iles eine Heimat ist.

Es ist kein solcher Ort.

Was für ein Ort ist es denn? Durch die Windschutzscheibe sehe ich breite Straßen, kleine saubere Villen, Gärten mit Vogelbeerbäumen…

Wenn Sie Sept-Iles mit einem Wort umschreiben sollten, was würden Sie sagen?

Leer.

Auf der Place de Ville betrete ich einen Laden unter dem Vorwand, eine Postkarte kaufen zu wollen. Eine Frau bedient mich:

Was macht man in Sept-Iles?

Geschäfte.

Was für Geschäfte?

Alle möglichen. Es gibt alles, was man braucht.

Neben anderen Dingen verkaufte diese Frau eine Liebespuppe aus Gummi – »a lifelike companion« eine lebensechte Gefährtin – für die einsamen Nächte in den Arbeitscamps.

Mitten auf der Place de Ville ist ein großes Einkaufszentrum. Es ist eine kleine Stadt für sich mit breiten Straßen, und es ist warm darin. Wenn die Stürme von Labrador herunter heulen und die Temperatur weit unter Null fällt, kann der Bürger hier herumlaufen und seine Besorgungen machen. Man kann hier wirklich den Tag verbringen, denn es gibt auch Cafés und Restaurants.

Ich habe sogar eine Buchhandlung gefunden.

Die Buchhandlung Nordküste.

Welcher Name für eine Buchhandlung!

Man stellt sie sich voller Bücher vor: Wie man den Norden wiederfindet, Bücher über intellektuelle Navigation, Bücher voller physikalischer Metaphysik und poetischer Geographie.

Die Buchhändlerinnen, zwei junge Frauen, sagen, daß sie es schwer haben:

Kultur ist hier kleingeschrieben.

Obwohl sie sich bemühen, Bücher vorrätig zu haben, die geistige Energie enthalten, Bücher, die die Welt offenbaren, werden bei ihnen hauptsächlich Schulbücher, Werke über Okkultismus und die übliche Dosis an romanhaften Romanen verlangt.

Ich stöbere in den Regalen.

Ein Titel fällt mir auf.

Le Passage du Nord-Ouest.

Ich blättere darin. Die Art chaos-kosmischen Denkens, die mir gefällt.

Ich kaufe das Buch und ziehe mich in ein Café zurück, um es zu lesen.

Was für ein Schock!

Schon im Vorwort sprach der Autor Michel Serres meine Sprache. Selbst seine Wörter waren meine Wörter.

Guter Gott, ich fand fast mein Porträt darin:

»Der neue Zeno aus Paris und London nannte seine Methode ›randonnée‹, unter Anspielung auf den alten französischen Begriff aus der Jagd, *random*, aus dem zwei verwandte und doch divergierende Wörter hervorgegangen sind: das französische *randonnée*, Wanderung, und das englische *random*, Zufall, Glück. Er wollte die beiden Bedeutungen miteinander verbinden durch den Ärmelkanal oder den Sankt-Lorenz-Strom...«

Verdammt!

Seit Jahren sprach ich von extravaganter Wanderung, ich hatte den Ärmelkanal überquert und die Brücken hinter mir abgebrochen, ich war durch Paris gestreunt, und jetzt war ich hier, ungebunden, am Nordufer des Sankt-Lorenz-Stroms. Ich las weiter:

»Ein weißer Raum, kein Einsatz und kein Gefecht... Eine schwierige Verbindung... eine Durchquerung der Wüste ... ein neues Archipel ... eine enge, selten benutzte Passage... Denker der Synthese... die Komplexität winkt auf der Seite des Wirklichen, während der Dualismus zum Kampf aufruft, in dem das neue Denken stirbt ... wenn er überleben will, muß er also erfinden, und er muß einen ganz neuen Raum erfinden, der nichts zu tun hat mit dem alten, idiotisch geteilten Raum...«

Nicht zu fassen!

Ich hätte am liebsten jeden Satz unterstrichen.

Bei mir hießen diese Begriffe: pelagisches Denken, archipelagische Aktivität, intellektuelles Nomadentum, weiße Welt... Von verschiedenen Grundlagen und Prämissen ausgehend, fanden wir uns beide in demselben Raum wieder.

Hatte ein neuer *Weltgeist* zu wehen begonnen?

Ich war so aufgeregt, daß ich nicht länger im Café sitzenbleiben konnte. Ich mußte hinaus in den Wind und laufen.

Mit großen Schritten ging ich quer durch Sept-Iles, zwischen den Vogelbeerbäumen hindurch, die ihre roten Zweige schüttelten, und kam zurück zum alten Pier.

Das flüchtige Bild der alten Mole eines gewissen Dorfes an der Westküste von Schottland ging mir durch den Kopf. Und ich mußte an die New Yorker denken, die Melville beschrieben hat, die, um ihrem zu beschränkten Leben zu entkommen, sonntags auf die Mole gingen, um ein bißchen Seewind zu schnuppern. Die Mole, einer dieser privilegierten Orte, wo sich das Leben konzentriert und erweitert, nimmt andere Dimensionen an.

Molen, Landzungen, Kaps.

Ich blieb am Ende der Mole stehen und beobachtete die Möwen.

Dieser weiße Tanz!

»Was ist Chaotizismus, Monsieur White?«

Ein Bedürfnis nach Wörtern, die Energie und Raum vermitteln.

Der Sprung in eine andere Logik.

Erotokosmologie.

Ich war trunken vom Wind. Trunken vom großen weißen Brausen des Sankt-Lorenz-Stroms. Trunken von Ideen.

Fisch-Ideen, Vogel-Ideen.

Denken, das schwimmt und fliegt.

Ozeanische Philosophie.

Warum schreiben? Um nicht völlig verrückt zu werden vor Trunkenheit. Dieser weißen Trunkenheit, die die Quelle jedes echten Schreibens ist.

Als ich in mein Zimmer im North Coast Hotel zurückging, kam ich an einem jungen Mädchen vorbei, das am Straßenrand Äpfel verkaufte.
Sie hatte die blauesten Augen, die ich je gesehen habe.
In diesen Augen sah ich Labrador.

Die von der Küste

»Hier sind wir Kriegsgefangene, die warten.
Aber es gibt eine andere Welt.«
Schwarzer Elch

Der Sankt-Lorenz-Strom glänzte an diesem Morgen in einem intensiven Grün. In der Luft lag Frost. Man konnte sich emsige Biber in den Flüssen vorstellen und Karibuherden, die über die baumlosen Hochebenen trotteten.

Ich folgte der Brochu in Richtung Reservat.

Es gab eine Zeit, in der sie über den ganzen Nordosten Amerikas verstreut waren, den Spuren der Karibus folgend und Biber fangend. Sie hießen in der Sprache der Algonkin *Innut*, Menschen.

Als im 16. Jahrhundert die französischen Forschungsreisenden den Sankt-Lorenz-Golf erreichten, nannten sie sie Montagnais: »Es sind gut gewachsene, aber ungezähmte Menschen. Sie tragen oben auf dem Kopf einen Haarschopf, der zusammengebunden ist wie ein Grasbüschel und in den sie ein paar Vogelfedern, Fischgräten oder gar ein Stück Holz stecken. Sie bekleiden sich mit Tierhäuten und färben sich das Gesicht.«

Im Sommer blieben sie wegen der frischen Brise an der Küste, aber sobald sich der September an den Blättern zeigte, zogen sie zur Jagdsaison hinauf auf die Labrador-Hochebene. Alles wäre gut gewesen, wenn sie weiterhin von der Küste auf die Hochebene, von der Hochebene zur Küste hätten wandern können, in ihrem eigenen Rhythmus. Aber die Missionare schätzten das nicht, denn ein Nomade, das wußten diese Vampire genau, ist nicht so leicht zu bekehren wie ein seßhafter Mensch: »Mir scheint, von diesen Wilden darf man nicht viel erwarten, solange sie umherziehen... Mir scheint, Nationen mit einem festen Wohnsitz wären leicht zu bekehren«, schrieb der Jesuit Lejeune 1634. Bricht man den Lebensrhythmus, bricht man den Geist. Ein Geist ohne Lebensrhythmus aber wird alles glauben.

Als man an den Orten, wo die Missionen waren, auch Geschäfte zu eröffnen begann, wurden die Innut seßhaft, und das war der Anfang vom Ende. Der letzte Ort, den die Geschichte ihnen zuwies, war das Reservat, wo der Indianer seine neolithische Nostalgie pflegen und seine neuen Sünden beichten konnte: *Konfiteor Teo omnipotenti, Peate Marie semper Pirjoni, Peato Mikaeli Arkangelo, Peato Joani Patiste, Sanktis Apostolis Petro et Polo, omnipus Sanktis et Tipi Pater, cuia pakapi nimis kogitatione perpo et opere, mea kulpa, mea kulpa, mea maksima kulpa...*

Das Sept-Iles-Reservat besteht aus einem Gewirr von Baracken, die auf das sandige Flußufer gebaut sind. Ein leichter Wind ist aufgekommen, und kleine Sandböen wirbeln über die Straße. Eine Geisterstadt.

Ein ausgebleichter Baumstamm, ein Geschenk des Flusses, ist als Totem aufgestellt worden. Man könnte leicht das Symbol einer toten Kultur darin sehen. Aber es geht eine seltsame Kraft davon aus.

Als ich am Totem vorbeigehe, sehe ich einen indianischen Handwerksladen, aber die Tür ist geschlossen, und es scheint niemand da zu sein. Vielleicht ist es zu früh am Tag oder zu spät in der Saison. Ich werfe einen Blick durch das kleine Fenster, und als meine Augen sich an die Dunkelheit gewöhnt haben, erkenne ich zwei Plakate. Das eine ist das bekannte Porträt von Rote Wolke mit dem Zitat: »Die Erde und ich sind eins.« Das andere stellt eine Kreuzigungsszene dar und trägt die Aufschrift: »Alle vereint in Jesus.«

Ich gehe weiter an den Baracken entlang bis zu einem anderen indianischen Handwerksladen. Dieser ist geöffnet. Und hier mache ich die Bekanntschaft mit Thibaut Latuile.
Thibaut ist um die vierzig, kurz und stämmig, er wird allmählich fett und hat ein rundes, heiteres Gesicht. Als ich eintrete, arbeitet er gerade an einem Paar Mokassins, und die Hütte ist erfüllt von dem Geruch gegerbter Haut: ein guter, würziger, herber Geruch, eine Mischung aus Rauch und Honig. Und auch die Mokassins sind schön, aus hellgelbem, braungewölktem Karibuleder. Nein, die Indianer tragen keine Mokassins mehr, sie tragen Turnschuhe. Aber im Sommer verkauft er viele an Amerikaner und Franzosen. Gerade letzte Woche sind die letzten französischen Touristen hier durchgekommen, ein Pärchen: »Sie waren smart.« Sie hatten ein bißchen Gras dabei, und er ist mit ihnen an den Strand gegangen, um zu rauchen. Die Indianer rauchen viel, sagt er. Er tut es liebend gern, aber man sagt, daß man dadurch das Gedächtnis verliert, daß es die Gehirnzellen zerstört. Er macht hübsche kleine Pfeifen zum Grasrauchen, ob ich eine wolle. Nein, er hat nie harte Drogen genommen, wie so manche anderen. Doch, einmal, in Bersimis, hatte sein bester

Freund, sein »chum«, ihm ein wenig »speed« ins Bier getan. Er hatte sich sehr schlecht gefühlt, war auf doppelte Größe angeschwollen »wie ein Berg«. Es war grauenhaft, nie wieder. Ja, er war dort geboren, in Bersimis. Er ist hierher gekommen, weil er glaubte, hier gäbe es mehr Arbeit. Er ist gebildet, er ist in die Schule gegangen bis zum Hauptschulabschluß, und ein Indianer von Bersimis ist schlauer als ein Indianer aus Sept-Iles. Er hatte Arbeit gefunden in Schefferville, bei den Eisenerzminen. Als Lagerist wegen seiner Bildung. Aber als er seinen Job antreten wollte, sagt der Vorarbeiter zu ihm: »Okay, nimm die Schaufel.« Er sagt genauso trocken: »Nein.« Der Vorarbeiter: »Wer ist hier der *foreman*?« Thibaut antwortet: »Und wer ist als *storeman* eingestellt worden?« Er hat schließlich den Lageristenjob bekommen, aber er gefiel ihm nicht. Da hat er alles hingeschmissen. Er ist nach Sept-Iles zurückgekehrt und hat seinen Handwerksladen eröffnet: Er ist niemandem Rechenschaft schuldig außer seiner Frau (sie schmückt die Mokassins)... Er interessiert sich für die Angelegenheiten der Indianer und würde gern ins »conseil de bande«, den Stammesrat, gewählt werden. Einmal ist er zu einer Versammlung gegangen, um sein Herz auszuschütten. Sie haben ihm zugehört, den Kopf in die Hand gestützt. Am Ende haben sie gesagt, es müsse ihm gutgetan haben zu reden.

Ich bin doch nicht gekommen, um eine Platte aufzunehmen, habe ich gesagt.

Er ist gegen die Teilung Quebecs. Der Regierungsvertreter ist sein »chum«, sie trinken Bier zusammen, und einmal hat er zu ihm gesagt: »Du bist auch nicht schlauer als ich.«

Ich rede gern, sagt er.

Ja, er ist Christ – gläubiger Katholik. Aber was man mit der Messe gemacht hat, das gefällt ihm nicht. Vorher war es ergreifend (»es hat mich mitgerissen«), und er war oft den Tränen nahe. Aber das neue Verfahren wirkt bei ihm nicht. Oft überrascht er sich dabei, daß er an eine Frau denkt, und es ist nicht die Jungfrau Maria. Apropos Frauen, möchte ich vielleicht mit hinüberkommen und die seine kennenlernen und ein Bier trinken?

Das Haus ist nur ein paar Meter entfernt, auf der anderen Seite der Sandstraße. Vor der Tür liegt zusammengerollt ein schwarzer Hund und leckt sich befriedigt die Pfoten. Thibaut gibt ihm einen Klaps auf den Kopf:

Er ist smart.

Außer seiner Frau gibt es noch zwei Kinder im Haus und die älteste Tochter mit ihrem Mann. Frau, Tochter und Kinder sind rundlich wie Thibaut. Er spricht darüber:

Wir sind alle fett, das macht das seßhafte Leben. Und die Kinder sind verdorben, dauernd am Eisessen und Colatrinken.

Und du bist dauernd am Biertrinken, sagt seine Frau lachend, als er den Kühlschrank aufmacht.

Das stimmt, sagt er bedauernd, früher wog er sechzig Kilo, jetzt achtzig, das ist viel zuviel. Und alles aus

Langeweile, aus reiner Langeweile. Früher waren die Indianer gesünder. Es gab keinen Krebs, keine Krankheiten. Übrigens gibt es gegen manche Krankheiten indianische Heilmittel. Habe ich schon mal Zahnweh gehabt? Es gibt was, das streicht man auf den Zahn, der wehtut, man wartet fünf Minuten, und ruckzuck fällt der Zahn raus. Und für Erkältungen gibt es eine Schockbehandlung: Biberhoden... Eine hinreißende junge Indianerin geht vorbei.

Das ist mein kick, sagt er. Ich bin verrückt nach ihr.

Seine Frau lacht und fragt mich, ob ich schon einmal indianisch gegessen habe. Ich sage nein. Dann möchte ich vielleicht ein bißchen »bannick«, indianisches Brot, zum Kaffee essen?

Sie möchte, daß Sie genauso dick werden wie sie, sagt Thibaut und wirft einen sehnsüchtigen letzten Blick auf seinen kleinen Schwarm.

Während Madame Latuile das bannick und einen Topf »Rote-Beeren«-Marmelade bringt und den Kaffee zubereitet, rede ich mit dem Schwiegersohn und der Tochter. Ich erfahre, daß der Schwiegersohn ein Naskapi ist, in Fort Chimo, oben an der Ungavabai geboren – »bei den Eskimos«, sagt seine Frau lachend.

Da braucht man sich nicht zu schämen, sagt Thibaut. Die Eskimos leben besser als wir. Sie essen rohes Fleisch, deshalb sind ihre Zähne so weiß. Sie essen nicht solchen Mist wie wir...

Der Schwiegersohn arbeitet bei Iron Ore, der Eisenerzgesellschaft von Schefferville, aber sie sind nach Sept-Iles gekommen, um mit ihrem kleinen Jungen zum Arzt zu gehen. Ich frage, ob es indianische Ärzte gibt:

Wir sind nicht intelligent genug, sagt die Tochter.

Thibaut reagiert nicht, der Schwiegersohn auch nicht.

Madame Latuile bringt den Kaffee.

Beim Abschied hatte ich den Latuiles versprochen, sie
wieder zu besuchen, und nun saß ich auf der Uferbö-
schung am Ende des Reservats, angelehnt an einen
angetriebenen Baumstamm, und schaute dem strömen-
den Wasser zu, als ich ein Knirschen auf den Kieseln und
ein Räuspern hörte. Es war ein junger Mann:

Woher kommen Sie?

Aus Frankreich.

Wo in Frankreich?

Pyrenäen. Die großen Berge im Süden.

Sind Sie nicht aus Paris?

Nein.

Da muß es toll sein.

Es würde Ihnen nicht gefallen.

Hier gefällt's mir nicht. Das Reservat ist voller Miß-
gunst.

Paris auch.

Aber Paris ist nicht das Reservat.

Sagen wir, es ist größer. Und dort hat man die Wälder
gerodet.

Ich mag Wälder nicht.

Dann würde Ihnen Paris vielleicht gefallen.

Paris würde mich begeistern.

Was machen Sie hier?

Lernen. Ich werde 1000 Dollar im Monat verdienen.

Was lernen Sie?

Abendschule. Um Buchhalter zu werden.

Rechnen Sie gern?

Ich hab gern 1000 Dollar im Monat.

Okay.

Und was machen Sie?

Im Moment reise ich.

Ist das Ihr Beruf?

Nicht ganz.

Wohin fahren Sie jetzt?

Die Küste hoch. Dann will ich nach Goose Bay.

Heiße Frauen da oben.

In Goose Bay?

Ja.

Das ist gut. Waren Sie da?

Hab davon gehört. Ich kam nie weiter als Mingan. Ich hab schlechte Lungen. Wollen Sie ein Bier? Ich heiße Jean-Claude Vollant.

Er schlägt vor, zu seinem Vetter zu gehen. Aber unterwegs statten wir dem Lebensmittelgeschäft des Reservats einen Besuch ab und kaufen »une dose«, das heißt einen Pack Bier. Jean-Claude erklärt mir, daß er fünf Bier braucht, um das richtige »feeling« zu bekommen. Was er wirklich gern tut, ist trinken und Gras rauchen: »Da hebst du ab...« Unterwegs sagt er mir, er wolle nicht heiraten, er sei steril. Jedenfalls hat er die Nase voll von großen Familien. Sein Vater hat vierzehn Kinder gezeugt (»er hat nicht schlecht gespritzt«), wenn er also keine kriegt, wird das Gleichgewicht wiederhergestellt.

Sind Sie katholisch?

Klar.

Sind Sie hier alle katholisch?

Das ist ein katholisches Reservat. Die Naskapi sind Protestanten.

Ich erzähle ihm von den Plakaten, die ich in dem ersten Handwerksladen gesehen habe, und von den Sprüchen, die darauf standen: »Die Erde und ich sind eins«, und »Alle vereint in Jesus«. Ich frage ihn, ob er da keinen Widerspruch sieht.

Ein Widerspruch?

Es sind doch zwei verschiedene Weisen, die Dinge zu sehen.

Welche Dinge?

Die Dinge im allgemeinen. Zwei Arten zu leben und zu denken.

Diese Frage hat man mir noch nie gestellt.

Sie denken vielleicht, daß das keine gute Frage ist?

Keine Ahnung.

Dann fügt er hinzu:

Die Indianer sind noch nicht aufgewacht.

Der Vetter legte gerade letzte Hand an eine Halskette aus Stachelschweinborsten, als wir mit dem Bier kamen. Bei ihm war noch ein Mann, wie er etwa dreißig, aus Ungava, wo er Land vermessen hatte. Er war Geometer.

Wie ist Ungava?

Gefällt mir nicht.

Zu kalt?

Zu kalt, das ist ein Grund. Keine Tiere. Nur Seehunde und Wale. Das ist eine andere Welt.

Wir tranken das Bier und ließen die Gedanken langsam kommen.

Der Landmesser sagte, er versuche, das Beste von beiden Welten mitzunehmen, das Beste von der Welt der Indianer und das Beste von der Welt des weißen Mannes. Was Bruno, der Vetter, am liebsten tat, war Jagen. Er stieg in den Zug nach Schefferville, fuhr ungefähr hundertfünfzig Kilometer und fing sich ein Karibu. Er erzählte von einem alten Jäger aus dem Reservat, der bis vor zwei Jahren das halbe Jahr da oben verbrachte, ganz allein. Er würde es immer noch tun, aber das Gehen fällt ihm schwer.

Jean-Claude legte eine Platte auf.

Indianischer Folk Rock. Gefällt Ihnen das?

Ja, das gefällt mir. Wie heißt das?

Mashte Chipu. Der große Fluß.

Woher kommt das?

Von hier.

Wer hat es komponiert?

Philippe Mackenzie. Das ist ein Verwandter von den Leuten, die den Laden haben, wo Sie die Plakate gesehen haben.

Nachdem ich sie verlassen hatte, bin ich in den Laden mit den Plakaten gegangen.

Diesmal war jemand da: eine junge Frau. Sie sortierte Biberfelle, herrliche dicke, glänzende Felle, in der Mitte dunkelbraun, rot-golden an den Seiten.

Schöne Felle.

Sehr schöne.

Ich möchte eins kaufen.

Suchen Sie aus.

Ich ließ mir Zeit, um das auszusuchen, das ich wollte.

Wird hier noch viel gejagt?

Noch ein bißchen. Trotz allem.

Trotz was?

Da kam sie in Fahrt, Rose-Marie Fontaine. Alles kam in einem Durcheinander aus ihr heraus, als hätte sie nur auf die Gelegenheit gewartet, ihr Herz auszuschütten.

Sie erzählte mir von einem Fluß: dem Fluß Moisie. Wenn ihr Vater jetzt jagen wollte, wenn er in sein traditionelles Jagdgebiet gehen wollte, brauchte er einen ganzen Haufen Scheine, die von mehreren Ämtern unterschrieben sein mußten. Und dann gab es Orte, wo es ganz und gar unmöglich war, den Fluß Moisie zum Beispiel, wo »unsere Vorfahren« immer Lachse gefischt hatten. Er konnte keinen Schein dafür bekommen, weil ein Club die Finger drauf hatte. Mit welchem Recht konnte ein Club einen Fluß für sich reservieren? Wußten sie, was Lachse für den Indianer bedeuten? Gewiß nicht. Ihr Vater wußte alles über Lachse, er hatte ihr Geschichten über sie erzählt, aber er hatte nicht mehr das Recht, sie zu fangen, nur reiche Amerikaner und Kanadier hatten das Recht dazu. Vor einiger Zeit war sie mit ihrem Vater und ihrem Onkel zum Fluß gegangen, und es hatte ein Geplänkel gegeben, ein Wortgeplänkel und auch ein paar Schüsse. Aber der Club war immer noch dort, und andere würden kommen… Schon als Kind verbrachte sie jedes Jahr vier Monate mit ihrem Vater in den Wäldern. Das mochte sie gern. Sie liebte es, im Zelt zu schlafen. Es heiße, die Indianer seien schmutzig und nachlässig. Das komme daher, daß sie nicht auf ihre Weise leben. Wenn sie im Zelt leben, sind sie sauber. Sie erneuern täglich den Teppich aus frischen, duftenden Zweigen. Häuser sind ja ganz nett, aber sie sind nicht indianisch. Deshalb kümmern sich die Leute nicht darum. Sie putzen sie nicht und legen keine Gärten an wie die Weißen. Wenn man Wälder hat, braucht man keine Gärten. Ein Indianer braucht Wälder. Ohne Wälder ist er nicht glücklich, also betrinkt er sich. Man kann es ihm nicht zum Vorwurf machen. Die Weißen verstehen ihn nicht, selbst wenn sie gutwillig sind. Manchmal verstehen sich die Indianer selbst nicht. So ist es, der Indianer versteht sich nicht mehr…

Ich habe von dem Widerspruch zwischen den beiden Plakaten geredet, die sie an die Wand gehängt hatte. Sie sagt, sie hätte nie darüber nachgedacht. Sie war katholisch erzogen worden. Nur einmal hatte sie sich dem Priester widersetzt, das war Jahre her, als man versucht hatte, die Leute hier zu zwingen, das Reservat zu verlassen und sich in einem anderen, das weiter von der Stadt entfernt war, niederzulassen. Sie versuchten, die Indianer *unsichtbar* zu machen! Ihr Vater hatte sich geweigert. Der Priester stand auf der Seite der Behörden und hatte gesagt, wenn ihr Vater mit seiner Familie nicht nach Maliotenam (ins Dorf der Unbefleckten Maria), ein paar Kilometer weiter nördlich, ginge, würde Gott ihn strafen. Ihr Vater hatte standgehalten, denn obwohl es in Maliotenam mehr Komfort gab, waren sie hier wenigstens zu Hause. In diesem Augenblick hatte sie den Priester nicht leiden können. Aber meistens waren sie gut und standen den Indianern bei, sie waren wie Väter zu ihnen. Das hatte man ihr beigebracht. Manche der alten indianischen Bräuche machten ihr angst. Ihr Onkel beunruhigte sie: »Er läßt die Toten sprechen.« Er konnte alte Lieder, die er im Wald sang oder auf Bällen, und dabei schlug er die Trommel. Die liebte sie, aber sie machten ihr auch ein bißchen angst. Die französischen Chansons waren ihr lieber, sie machten einem keine Gänsehaut.

Ich hatte die Ohren gespitzt, als sie von ihrem Onkel sprach. So gab es hier einen, der die alten schamanischen Traditionen weiterführte?

Marie-Rose hatte mein Interesse bemerkt. Vielleicht möchte ich ihren Onkel kennenlernen? Ich könnte ihn heute abend besuchen, wenn er von Iron Ore zurückkommt, wo er arbeitet. Sie würde ihm mein Kommen ankündigen. Wie ich heiße? Ich fragte sie nach dem Namen ihres Onkels. Jean-Baptiste Mackenzie, sagte sie und gab mir seine Adresse.

Als ich aufbrach, sagte sie, sie wolle mir ein Geschenk machen. Es war ein Gebetbuch in der Montagnais-Sprache mit dem Titel *Shesus Nashauatau* (Jesus unser Heiland).

Während ich in einem kleinen Restaurant am Straßenrand die Zeit bis zur Verabredung abwartete, blätterte ich in dem Gebetbuch. Es war auf zwei verschiedene

Arten illustriert. Einerseits gab es fromme Bilder wie die Jungfrau Maria mit dem Kind oder ein Ziborium mit heiligen Hostien. Andererseits Szenen aus dem indianischen Leben: ein Jäger mit Gewehr in einem schneebedeckten Wald, ein in der Sonne glitzernder Fluß. Man hatte alles getan, damit der Indianer sich in den Armen Jesu zu Hause fühlt, und sogar der Große Manitou selbst war bekehrt worden, zumindest auf dem Papier:

*Uin Tshishe Manitu tshi minukunu aiamieu
anuenimitishun
Anuenimitishoieku, katshi pastatutamek
Tshishe Manitu tshi ka uantshissistam katshi
anuetuk
Tshishe Manitu tshi ka kashimakuau tshi
pastaiunuau...*

Jean-Baptiste

*»Das ganze Bestreben des Menschen war, sein Leben
mit dem elementaren Leben des Kosmos in Berührung
zu bringen: mit dem Leben der Berge, der Wolken,
des Donners, der Luft, der Erde, der Sonne.«*
D. H. Lawrence

Ein junger Bursche mit einem hohen schwarzen Hut öffnete mir die Tür.

Das ist doch das Haus von Jean-Baptiste Mackenzie?

Ja. Monsieur White?

Ja.

Kommen Sie herein.

In dem Raum, in den der mit dem schwarzen Hut mich führte, waren mehrere Personen. Da war Jean-Baptiste selbst, ein schöner Mann von ungefähr sechzig, seine Frau, ebenfalls schön und etwa gleich alt, und ihre beiden kräftigen Söhne, der mit dem Hut und einer mit langen schwarzen Haaren, die ihm bis auf die Schultern fielen – sie sahen beide indianischer aus als ihre Eltern. Dann war da noch die Frau des einen Sohnes, auch sie sehr hübsch, und ein etwa zwölfjähriger Junge, ein mehr oder weniger entfernter Verwandter.

Der Vater des Jungen war eben erst bei einer Jagdpartie getötet worden. Er und ein paar Freunde hatten ein Flugzeug gemietet, um in das Gebiet zwischen Schefferville und dem alten Fort Mackenzie, entlang dem Fluß Caniapiscau, zu kommen. Es war eine gute Jagd, und der Junge hatte seinen ersten Karibu erlegt. Es war ein Weibchen, und das Kleine in seinem Kummer hörte nicht auf, um das tote Tier herumzugehen: »Il a une misère, il fait rien que tourner autour.« Der Junge erinnerte sich lebhaft an seinen Vater und diesen ersten Ausflug, den sie miteinander gemacht hatten. Den ersten und den letzten. Denn auf dem Rückflug war das Flugzeug in einen See gestürzt, und es hatte nur zwei Überlebende gegeben, ihn und den Piloten. Jean-Baptiste erzählte die Geschichte, und der Junge hörte schweigend zu, nur diesen einen Satz hatte er hinzugefügt.

Jean-Baptiste erzählt, wie er zu Fuß von Schefferville nach Sept-Iles ging. Das dauerte Tage und Tage, und er genoß jede Minute:
Verdammt, das war ein Leben!
Während jetzt die Bergbaugesellschaften die Hügel zu Staub machen und alles in Sept-Iles aufhäufen, während die Sägewerke die Wälder in Papierbrei verwandeln und die großen Dämme alle Flüsse austrocknen. Ja, »es war früher besser in den Wäldern, das war ein Leben«. Man kann nicht mehr jagen wie früher »wegen der Verschmutzung durch die Gesellschaft«. In zehn Jahren wird Sept-Iles so groß sein wie Montréal, aber es wird nichts mehr los sein, denn wenn die Gesellschaften erreicht haben werden, was sie wollten, werden sie alles fallen lassen: »Salut, Marcel!« Wenn sie sich die Taschen gefüllt haben, werden sie abhauen, und hier wird nichts mehr übrigbleiben als eine Wüste.
Ich frage den mit dem schwarzen Hut, was er davon hält. Er scheint verwirrt, dann sagt er:
Er redet gern. Aber vielleicht hat er recht.
Wollen Sie die Lieder hören? sagt Jean-Baptiste.
Ja, wenn es keine Umstände macht.
Überhaupt nicht. Gehen wir in den Keller.
Und wir gingen in den Keller.
Jean-Baptiste erzählt mir, daß er von 8 bis 16 Uhr für die Gesellschaft arbeitet und dann für sich, in diesem

Keller, wo er handwerkliche Arbeiten macht. Er hat einen Werktisch mit einer Drehbank. Vom Tisch, auf dem mehrere Knochen liegen, nehme ich etwas, das aussieht wie ein Schulterblatt.

Karibu.

Er sagt, daß er eine Jagd- und Fischfangpartie vorbereitet und zeigt mir sein Zelt aus Hudsonbai-Leinwand und die neuen Bleigewichte, die er für seine Angeln gemacht hat. Gewehre hängen an Nägeln: ein 28er, das seinem Vater gehört und ein 22er, das dieser ihm geschenkt hat, als er ein Kind war. Er sagt, mit einem 22er könne man einen Karibu töten. Aber jetzt findet man mehr Elche als Karibus. Die Karibus sind mysteriös. Sie kommen und gehen, kein Mensch weiß, wohin oder warum.

Seine Trommel liegt auf einem anderen Tisch. Er hatte sie gerade gereinigt, als ich kam. Er reinigt sie einmal im Jahr, denn »wenn die Trommel nicht in Schuß ist, kann man nicht singen«. Er nimmt sie und fängt an, über sie zu sprechen. Die weiße Haut der Trommel ist Karibu, und der rot angemalte Holzrahmen ist Birke. Über die Oberfläche ist eine Reihe Federkiele gespannt, die ein schnarrendes Geräusch machen. Es sind Schneehuhnfedern, aber man kann auch Federn von Wildenten verwenden oder sogar kleine Karibu-knochen.

Er stimmt die Trommel.

Wenn er im Wald ist, schlägt er die Trommel, um die Karibus zu rufen. Und während er spricht, scheinen seine Sätze rhythmischer zu werden, so wie dieser:

Wenn man hinausgeht in die Wälder
wenn man draußen ist im Wald
nimmt man die Trommel mit
benutzt sie wie den Fernseher
man sieht das, was man töten wird,
wenn man mit der Trommel jagt...

Möchte ich eine Kassette mit seinen Liedern? Er hat einen kleinen Recorder auf seiner Werkbank, ein klappriges Ding, das mit Tesafilm zusammengehalten wird. Er sagt, er macht gern Aufnahmen für seine Kinder. Vor allem wenn er unterwegs ist. Er hat ihnen das Geräusch seiner Paddel auf dem See aufgenommen, seine Schritte auf dem Schnee des Waldes und natürlich auch seine Lieder, denn bald werden sie diese Dinge nicht mehr kennen, und er will nicht, daß sie alles vergessen. Er ist achtundfünfzig, und er weiß, daß er bald sterben wird, denn er ist krank. Wenn er für mich eine Kassette mit seinen Liedern aufnimmt, dann deshalb, weil sie »dadurch weit reisen«. Die Leute mögen sie. Wenn er singt, schreien die Alten: »Das stimmt, Mackenzie, das stimmt, was du sagst!« Die Jungen mögen sie auch, aber sie wissen nicht so viel, sie mögen sie nicht aus den gleichen Gründen. Für sie sind es bloß Lieder. Für die Alten sind sie Leben.
Wenn Jean-Baptiste seine Trommel nimmt, ist er nicht mehr Jean-Baptiste Mackenzie. Außerhalb seiner selbst wandert er durch ein Land, wo es Forellen und Lachse im Überfluß gibt, und über die riesige Tundra, wo Karibuherden, Tausende von Karibus von einem Ort zum andern ziehen mit aufgerichtetem Geweih und

Hufen, die den Schnee aufwirbeln oder das Eis zermal-
men. All das sieht er:

> *Sie sind wie Geister*
> *die Karibus*
> *sie kommen und gehen*
> *sie kommen und gehen*

Er spricht von den Karibus, und er spricht von den
Blättern des Waldes:

> *Ich verstand die Blätter*
> *durch das Geräusch, das sie machten*
> *ich ging Winter und Sommer hinaus…*

Er erzählt von den Vögeln:

> *Ich erzähle von den Vögeln*
> *die Schwärme bilden*
> *wenn sie zum Meer hinabfliegen*
> *ich erzähle von der Wildgans*
> *die der Anführer ist*
> *vom Wind getragen*
> *man sieht sie ein letztes Mal*
> *und dann kommt der Herbst*

Aber er erzählt nicht nur davon, er fliegt, er fliegt mit
ihnen bis in die Arktis:

> *Fliegend durch die Luft*
> *fliegend durch die Luft*
> *wandre ich umher*
> *wandre ich umher*

meine Eskimofrau
meine Eskimofrau
ich heirate dich
ich heirate dich

in der Mitte der Welt
in der Mitte der Welt ...

An diesem Abend verließ ich das Haus von Jean-Baptiste Mackenzie mit einer Liederkassette und dem Schulterblatt eines Karibus:
Wenn wir ein Geschenk machen, dann sagen wir nichts, wir lassen das Geschenk sprechen.

Großer Tanz
in Mingan

»Wir brauchen neue Hochzeiten.«
William Carlos Williams

Ich wollte nach Havre-Saint-Pierre.

Als ich das dem Busfahrer mitteilte, sagte er:

Da ist die Straße zu Ende. Weiter kann man nicht fahren. Da ist die Straße zu Ende.

Gleichzeitig mit mir stiegen zwei junge Indianer in den Bus. Sie hatten einen Korb mit Bierflaschen dabei und ein großes Stück in Zeitungspapier eingewickeltes »viande sauvage« (Karibufleisch).

Macht ihr ein Picknick? fragt der Fahrer.

Hochzeit, sagt einer der Indianer.

Das wird 'ne Hochzeit, wenn ihr das alles trinkt.

Die Indianer grinsten.

Wir sind losgefahren.

Auf der einen Seite Wald, auf der anderen felsige Buchten und Möwen.

Auf meiner Karte habe ich die Namen der Buchten und der Flüsse, die durch den Wald herunterkommen, gesucht: Rivière-au-Bouleau, Rivière-Manitou, Rivière-au-Tonnerre...

Wieder hatte ich diese klare, lebhafte Empfindung von Küste. Ein erster Ort. Die nackte Schönheit von allem.

Der Nachmittag ging dem Ende zu, und der Himmel war stahlblau.

Das Blau des Himmels wurde langsam dunkler, und es war Nacht. Da beugte sich einer der Indianer, der direkt auf der anderen Seite des Ganges saß, zu mir herüber:

Willst du ein Bier?

Ich sagte, ja, natürlich, vielen Dank.

Haben Sie schon einmal versucht, in einem über die steinige Straße von Nirgendwo holpernden Bus eine Bierflasche zum Mund zu führen? Bei jeder Erschütterung riskiert man, einen Zahn zu verlieren...

Gutes Bier, was?

Hmm, köstlich.

Wo fährst du hin?

Havre-Saint-Pierre.

Da hört die Straße auf.

Das hat man mir schon gesagt.

Hast du Freunde dort?

Nein.

Warum fährst du dann hin?

Vielleicht weil da die Straße zu Ende ist.

Nachdenkliches Schweigen.

Warst du nicht gestern im Reservat?

Doch.

Hab von dir gehört.

Ich habe viele Leute getroffen.

Entschuldige mich einen Moment, ich muß pissen.

Darauf hangelt er sich nach hinten und pißt auf den Boden. Ich höre das Plätschern in der Abflußrinne.

Hast du von Mingan gehört? fragt er, als er zurückkommt.

Ich habe den Namen auf der Karte gesehen.

Da fahren wir hin. Ich und mein Cousin. Er ist schon betrunken. Wir gehen zu einer Hochzeit.

Das habe ich gehört.

Willst du mitkommen?

Was soll ich da?

Tanzen und trinken wie die anderen.

Okay, danke, ich komme mit.

Ich wußte nicht, worauf ich mich einließ, aber ich war neugierig, und ich konnte am nächsten Tag immer noch nach Havre-Saint-Pierre weiterfahren. Ich weiß, wohin ich will, aber ich bin immer bereit, mich von meinem Weg abbringen zu lassen.

Der Indianer stieß seinen Kumpel mit dem Ellbogen in die Seite:

Er kommt mit.

Hm?

Er kommt mit.

Gut.

Während der einsilbige Kumpel weiterschlief, wandte sich der andere mir wieder zu.

Ich heiße Mathieu. Das ist Joseph. Und du?

Ken.

Ken. Okay. Hast du schon mal Karibu gegessen?

Nein.

Heute abend wirst du das essen. Es schmeckt streng. Manche sagen, Elch ist zarter, aber Karibu ist besser...

Wir nähern uns Mingan. Weißt du, was das heißt?

Nein.

Wölfe.

Am Eingang zum Mingan-Reservat hängt ein Schild, das ich im Licht der Lampe gerade noch lesen kann:

Vom 30. Oktober 1974 an ist es Pierre und Hughes Cousineau und Richard Maloney grundsätzlich und

für immer verboten, zu Fuß oder mit dem Fahrzeug
in das Mingan-Reservat einzudringen und sich dort
aufzuhalten. Auf Anordnung des Stammesrats von
Mingan.

Ich frage mich, was die drei Spitzbuben wohl angestellt
haben mögen, daß sie so für alle Ewigkeit exkommuni-
ziert worden sind, aber ich stelle keine Fragen.
Wir gehen zum Haus der Familie von Joseph, wo gegessen werden soll, bevor man zum Tanz geht.
Als Josephs Mutter an die Tür kommt, ist es wie ein
Schock. In Sept-Iles sind die Indianer angezogen wie
jedermann. Aber hier in Mingan ist es anders. Inner-
halb von ein paar Kilometern sind wir hundert Jahre
zurückgegangen.
Stellen Sie sich vor, Sie spazieren eines ruhigen Nach-
mittags durch die Räume des Musée de l'Homme in
Paris und bleiben vor einer Vitrine stehen mit der
Aufschrift: *Montagnais-Frau um 1850* – und die Puppe
lächelt und kommt aus der Vitrine. So war es mit Josephs
Mutter. Sie trug eine komische kleine, zerdrückte
Haube, hatte Korkenzieherlocken an den Ohren und
eine Pfeife im Mund. Das letzte Mal hatte ich so etwas
in den Hügeln Nordthailands gesehen. Ja, die Meo.
Zuerst stelle ich den Zusammenhang nicht her, aber
dann erscheint er mir so evident, daß ich mich fragte,
wie ich es vergessen konnte. Die Montagnais, das heißt
die Algonkin-Indianer, und die Meo, das ist dasselbe.
Ein protomongolischer Stamm. Nur ein paar sind in
Tibet geblieben und bauten Klöster und tranken Tee
mit Butter, während die anderen nach Norden zogen

und weiterwanderten (was suchten sie *wirklich*?), um schließlich die Beringstraße zu überqueren (hören Sie die Wölfe heulen unter dem erfrorenen Mond, hören Sie das Eis knirschen?) und Amerikaner zu werden.

Primitive, erdverbundene Amerikaner, eins mit ihrem Traum.

Ja, die Leute von Mingan sind *Primitive*. Ihre Glieder sind noch von etwas Ursprünglichem beseelt, und in ihrem Gehirn flackert wie eine Flamme ein Traum. Das trifft für die Alten zu. Die Jüngeren fangen an, vernünftig auszusehen. Aber sie haben immer noch diesen Glanz in den Augen, diesen präkolumbianischen, antediluvianischen Glanz, und man spürt, daß *alles* möglich ist.

Das Bier kreiste, das *viande sauvage* brutzelte, und die Unterhaltung war in vollem Gang. Josephs älterer Bruder Pierre sprach:

Wenn die Schnüffler (er redet von Ethnologen, Archäologen usw.) ... wenn die Schnüffler hierherkommen, schnüffeln sie und schnüffeln sie ... Ich bin mißtrauisch ... Wir haben immer ein bißchen Angst gehabt ... Wir sind ein bißchen ausgerottet worden ...

Ein bißchen ausgerottet!

General George Custer plärrt: »Na, du verdammter Indianer, hat man's dir endlich gegeben?« und der Indianer antwortet mit erlöschender Stimme: »Ein bißchen!«

Und Pierre fährt fort. Er hat jetzt einen ziemlichen

Rausch und denkt schwer. Er kneift die Augen zusammen und erhebt nachdrücklich mahnend den Finger:
Wenn die Indianer streitsüchtig gewesen wären, gäbe es keine Kanadier... Wenn der Indianer über etwas nachdenkt, dann denkt er und denkt...
Und Pierre dachte weiter:
Jagen ... das ist schon was, jagen ... Wenn ich dir vom Jagen erzählen würde, wären wir morgen früh noch hier... Ich habe nie gejagt, nicht wirklich, kann ich dir sagen, aber trotzdem, das ist schon was, trotzdem... Der Indianer und die Jagd, das ist ein *großes Thema*...
Der Greis in der Ecke, Josephs Großvater mütterlicherseits, schien nur auf sein Stichwort gewartet zu haben. Er fing an zu reden wie zu sich selbst:
Damals in Mingan war ich noch nicht verheiratet und ging mit meinem Großvater Joseph in die Wälder. Wir folgten dem Fluß Romaine bis zu einem See namens Uauiekamau... Nach meiner Hochzeit bin ich ein richtiger Jäger geworden... Es waren lange Ausflüge, besonders nach Northwest River. Kennen Sie den Atikonak-See? Er ist nördlich von hier... Wir von Mingan brauchten fünf Monate, ab August, um über den Atikonak- und den Winuakapau-See nach Northwest River zu kommen... Im Dezember waren wir dort...
Der alte Mann folgte den Spuren seiner Erinnerung, und wir folgten ihnen mit ihm:
Am nächsten Morgen haben wir einen See angesteuert, wo es Biber gab... Dort haben wir gezeltet... Die Männer gingen jagen, die einen Karibus, die anderen Stachelschweine... Wir verließen den Fluß, um zu

einem See zu gehen, der nicht weit weg war... Da bemerkte ich den dampfenden Atem der Karibus... Es mußten viele sein, denn es war eine dicke Wolke... Ich werde Ihnen etwas sagen... Die Indianer von Mingan sind keine Fuchsjäger... Wir haben immer Karibus, Biber und Marder gejagt... Füchse jagten wir fast nie. Füchse brachten viel ein, aber wir jagten sie nicht gern...

Der alte Mann mußte spüren, daß er alles gesagt hatte, was er zu sagen hatte, denn er hörte auf zu sprechen und fing an, ganz für sich allein eine Melodie zu summen.

Die alte Frau, seine Tochter und Josephs Mutter, brachte eine Schachtel mit kleinen Gegenständen, die sie aus Perlen herstellte – und die für mich Sonnensymbole zu sein schienen. Sie nahm einen und gab ihn mir: eine Scheibe mit einem grünen Mittelpunkt, der von roten und gelben Segmenten umgeben war. Ich dankte und legte das Geschenk auf den Tisch, um es zu bewundern.

Ich fragte, was das Rot bedeute.

Die Morgensonne, sagte Mathieu.

Die Erde, sagte Pierre.

Und das Gelb?

Die Sonne, sagte Pierre.

Die Abendsonne, sagte Mathieu.

Und das Grün?

Alles, was wächst, sagte Mathieu.

Das Gras, sagte Pierre.

Der Karibu war fertig.

Nach dem Essen haben wir uns fertig gemacht für den Tanz.

Aber vorher zeigte mir Joseph das Zimmer, wo ich später schlafen würde. Seines. Wir würden vielleicht nicht zusammen heimkommen. Bei dem Tanz war jeder für sich. Joseph schaute mich mit einem unsicheren kleinen Lachen an:

Stört es dich nicht, bei einem Indianer zu schlafen?

Draußen unter dem dicken amerikanischen Mond – wen treffen wir? Thibaut von Sept-Iles, stockbesoffen, schwankend wie ein alter Seebär. Als er mich erkennt, schreit er:

Mon chum! Mon chum! Ich habe hundert Dollar. Wir machen einen drauf. Ich bin stark wie ein Karibu!

Ich glaube, er wußte kaum noch, wo er war, der Thibaut, aber er fühlte sich zu Hause in seinem Delirium. Ich legte den Arm um seine Schultern, und wir marschierten in den Tanzsaal.

Dort dreht sich im trüben Licht zweier roter Glühbirnen eine quirlende Menge zum Discosound.

Ich werfe einen Blick in die Runde, um in dem roten Dunst eine kleine Pocahontas ausfindig zu machen, als ich neben mir eine Stimme höre.

Es ist ein dicker Bursche, der zu mir sagt, daß er Soziologie studiert. Und er fährt fort:

Ich bin ein bißchen betrunken. Viermal im Jahr betrinke ich mich. Das Schlimmste ist das jährliche *Pow Wow* . . .

Er wiegt sich ein bißchen hin und her, als tanze er auf der Stelle, und singt vor sich hin, dann sagt er:

Schläfst du bei Joseph? Ist seine Mutter nicht ein Schatz? Ich bin verrückt nach ihr. Ich möchte mit ihr in den Wald gehen.

Ich suche immer noch ein Mädchen, mit dem ich tanzen könnte, aber die Sicht ist sehr beschränkt.

Auf der Tanzfläche bricht ein Streit aus. Ein Mann und eine Frau. Sie schlagen sich mit voller Wucht. Die Tänzer weichen aus, ohne sich stören zu lassen.

Das ist bei uns so üblich, sagt der Dicke, man achtet nicht darauf.

Thibaut von Sept-Iles taucht plötzlich aus dem lärmenden Kreis auf, die Flasche in der Hand, und ruft sich und der ganzen Welt zu:

Ich bin jemand, ich habe mit dem Ministerium für indianische Angelegenheiten zusammengearbeitet!

Dann konzentriert er nicht ohne Schwierigkeiten seinen Blick auf mich und sagt:

Wenn du Medizin brauchst...

In dem Moment scheint es in seinem Gehirn zu klikken, denn mit einem triumphierenden Ausdruck klopft er auf seine Tasche und macht die Geste des Rauchens, wobei er mir zu verstehen gibt, daß er ein wenig *cheeba-cheeba, hootchie-kootchie, Don Juan special* dabei hat. Okay? sagt er. Okay, antworte ich. Dann gehen wir hinaus in den Wald und rauchen unsere Zigaretten.

Da fing dieser alte amerikanische Mond wirklich an zu leuchten.

Und ich habe sie gesehen, die Kinder von Kitche Manitou und dem Großen Bär, wie sie vor vierzigtausend Jahren in kleinen Horden über die Beringstraße kamen. Völker der Tundra und Taiga. Vettern des Bären, des Wolfs und des Karibus.

Rauchend im kalten alten Wald.

Im Einklang mit dem neuen Land.

Jahrhunderte, Jahrtausende später die Algonkin: Abenakee, Cree, Delawaren, Illinois, Mohikaner, Massachusetts, Micmac, Naskapi, Ottawa, Ohio, Ojibway, Penobscot, Potawatomie, Fox, Shawnee, Winnebago, Montagnais. Sie überzogen das Gebiet, das sich von Quebec bis zur Ungavabai und vom Great Whale River zur Goose Bay erstreckt, die ganze große Hochebene.

Sie jagten immer noch den flechtenfressenden Karibu, *Rangifer tarandus*, überwinterten auf den Höhen, um sich im Sommer zu Fisch-Festen und Tänzen an der Küste zu versammeln.

Okay?

Okay.

Okay, chum?

Okay, chum!

Wir kehrten wieder in den Tanzsaal zurück.

Ein paar Sekunden später tanze ich den Chicoutimi-Tango mit einem Babywal, der an die 100 kg wiegen muß ohne Windeln.

Pocahontas III.

Da bläst er!

Wo die Straße
zu Ende ist

»Der Mönch:
Wenn der ganze Körper sich zersetzt,
bleibt etwas übrig. Was ist das?
Der Meister:
Auch heute morgen erhebt sich wieder
der Wind.«
Joshu Shinsai Zenji Goroku

Es war eiskalt in der Hütte. Joseph kam ungefähr eine Stunde nach mir angestolpert. Er hat das Zimmer nicht betreten. Ich weiß nicht, wo er hingegangen ist. Aber ich hörte die ganze Nacht böse Kotzgeräusche. Es war unmöglich zu schlafen, und ich habe mir alle kalten Haikus ins Gedächtnis gerufen, die mir einfielen:

So kalt ist das Wasser
daß selbst die Möwen
nicht schlafen können

Brrr, schlafen ist schwer
und wenn man nicht schläft
ist es noch kälter

. . . . .

Irgendwann muß ich eingedöst sein.

Als ich aufwachte, war es noch sehr früh, aber das Licht, das zum Fenster hereinkam, wurde schnell heller. Ich ließ meine Blicke durchs Zimmer wandern: Kästen mit leeren Bierflaschen, ein Stapel Medikamente, ein Bild der Jungfrau Maria und eine Karte, auf die jemand mit rotem Kugelschreiber die Maxime geschrieben hatte: »Man soll die Worte siebenmal im Mund herumdrehen, bevor man sie ausspricht.«
Das Ende . . .
Dann sah ich durch das Fenster etwas sehr Schönes: Am Waldrand aufgebockt ein graziös geschwungenes Kanu, Symbol der Vergangenheit oder vielleicht einer ewigen Gegenwart, das von Seen, Flüssen und den

Stromschnellen des Hochlandes erzählte – eine andere Welt.

Ich verspürte das Bedürfnis, mich unverzüglich wieder auf den Weg zu machen. Ich habe meine Kleider übergezogen, ein paar Dankesworte gekritzelt und mich davongemacht.

Rote Sonne und Rauhreif.

Morgen in Amerika!

Ich denke wieder an Thoreau:

»Ich denke, der Mut wird uns hier an der Atlantikküste nicht verlassen, solange wir von den Pelzländern flankiert sind. Schon das Wort ermutigt einen unter allen Umständen. Die Rottanne, die Schierlingstanne, die Kiefer werden Verzweiflung nicht zulassen. Ich denke, die Glaubensbekenntnisse in Gemeindesälen und Kirchen vergessen den pelzvermummten Jäger, der im Zwielicht der nördlichen Nacht unverdrossen den Robben und Walrossen über das Eis folgt. Diese Männer sind krank und haben eine kranke Phantasie, die so schnell der Welt Totenglocke läuten wollen.«

Ach, Henry, die Dinge haben sich noch verschlimmert, seit du dort warst. Wenn du die kranken Phantasien heute sähest, würdest du es kaum glauben.

Und doch.

Der Morgenwind weht ewig:

Frühmorgens
wehen die Winde von einst
durch die Kiefernwälder

Ich hatte gedacht, ich könnte bis Havre-Saint-Pierre trampen, aber kein Mensch war auf der Straße. Dennoch: Ein neuer Tag begann, frisch und blau, und ich war froh, draußen zu sein, zu gehen, mitten im Nirgends, allein, und diesen dicken Möwen zuzusehen, die im Wind dahinglitten.

»Es ist eine große Sache, zu sehen, daß die ursprüngliche Welt immer noch da ist, vollkommen rein und unverfälscht: viel fließender weißer Schaum, und nur die Möwen segeln zwischen Himmel und Küste.« Bruder Lawrence wieder.

Ich reise mit meinen Geistern...

Ein Hund verließ die Veranda des schlafenden Hauses, wo er sich in der Sonne geaalt hatte, und trottete neben mir her:

Hallo, Hund.

Wau, wau.

Ich wäre lieber ganz allein gewesen, aber dieser alte Hund hatte Lust auf ein bißchen Gesellschaft und einen kleinen Spaziergang. Da ließ ich ihn ruhig neben mir herlaufen.

Ich ging ungefähr eine Stunde, als ein Lastwagen vorbeifuhr, und ich winkte. Er fuhr weiter, besann sich aber anders und hielt an. Ich sagte tschüß zum Hund, rannte dem Lastwagen nach und sprang auf.

Es waren zwei Burschen aus Havre-Saint-Pierre, die um vier Uhr losgezogen waren, um am Saint-Jean-Fluß Elche zu jagen. Sie hatten kein Glück gehabt.

Was machen Sie so früh auf der Straße?

Ich habe die Nacht im Indianerreservat verbracht. Da war eine Hochzeit.
Ich wette, die waren alle voll wie Haubitzen.
Ja, so ungefähr.
Das ist ihre Mentalität. So sind sie.

Als sie mich in Saint-Pierre – zwei Reihen weißgekalkter Häuser mit einem Farbfleck hier und da – abgesetzt hatten, ging ich ans Ufer und ließ mir Brot und Makrelen aus der Dose schmecken, in Gedanken bei einem anderen meiner Geister-Begleiter, Matsuo Bashō:
»Ich verbrannte mir mein Gesicht in der heißen Sonne von Kirakata in den nördlichen Provinzen«, sagt er in seinem *Bericht aus der Klause Genjuan,* »ich wanderte über die rauhen Gestade des Nordmeeres...«
Bashō denkt an die Reisen, die er erzählt hat in den herrlichen kleinen Büchern: *Nozarishi Kikō* (Reisebericht eines Skeletts auf der Heide), *Kashimo Kikō* (Tagebuch einer Reise nach Kashimo), *Oi no kobumi* (Notizen aus dem Tragkorb), *Sarashina Kikō* (Wegbericht einer Wanderfahrt nach Sarashina) und vor allem *Oku no hosomichi* (Der schmale Weg in den tiefen Norden). Und in seiner Klause Genjuan betrachtet er sein Leben.
Obwohl die menschliche Gesellschaft ihn bedrückt, ist er kein ausgesprochener Eremit, und obwohl er oft daran gedacht hat, ist er nie wirklich Mönch geworden. Wenn er sich überhaupt definieren kann, dann als »sorgloser Mann von den Hügeln«, der lebt wie Wind und Wolken. Er hat Fehler gemacht im Leben, gewiß,

aber wer weiß, was letztlich gut ist? Die Welt ist vielleicht ohnehin Illusion. Besser nicht zuviel darüber nachdenken, besser einen Spaziergang um den See machen. Oder den Hügel hinter dem Haus erklimmen und sich ein »Affenbett« machen. Dazu legt man Kiefernzweige auf die Erde und bereitet eine Strohmatte darüber. Warum sich also nicht einfach auf diesem Affenbett ausstrecken und genüßlich in Träumerei versinken:

Den Schatten
der alten Kiefern genießend
im Sommerwald

So werde vielleicht auch ich enden, einfach auf dem Rücken liegend und die Dinge davontreiben lassend.
Aber ein Stück Wegs bleibt noch zurückzulegen.
Was für ein Weg?
Spengler (den ich vor langer Zeit, in den unterirdischen Tagen von Glasgow, las) spricht von drei Wegen: dem klassischen Weg, der am Gegenwärtigen und Nahen hängt; dem romantischen Weg, der den entferntesten Horizont absucht; und dem chinesischen Weg, der darin besteht, ziellos umherzuwandern.
Vielleicht ist es an der Zeit, eine Art Kombination zu finden. Vielleicht gehen wir nach Norden, Süden, Osten und Westen, um die Koordinaten eines neuen Mittelpunkts zu finden. Vielleicht müssen wir versuchen, einen verlorenen Zusammenhang wiederherzustellen, bevor sich alle Trennungen vollzogen haben.
Vielleicht.

Im Moment sitze ich in Havre-Saint-Pierre am Kai:

Am Kai
von Havre-Saint-Pierre
esse ich Makrelen aus der Dose

Herbstmorgen
rote Blätter, gelbe Blätter
der Wind

und schreibe Haikus.

Niemand wird das Haiku je hoch genug loben. Diese Gedichte, die ins Schwarze treffen und die wir so sehr brauchen. Es sind vielleicht nicht immer große Haikus, die man schreibt, aber selbst dann können sie einem eine enorme Last von den Schultern nehmen – die ganze *persönliche* Bürde. Ein Haiku schreiben heißt, aus sich selbst herausspringen, sich vergessen und einen tiefen Zug frische Luft tun.

An diesem Morgen habe ich ein Dutzend Haikus geschrieben, über das Spazierengehen, den Herbst, das Ufer, den Strom:

Der Wind pfeift
über den Sankt-Lorenz-Strom
eine Flöte ohne Löcher

Ich hebe die Augen zum Himmel
all die Möwen
die nicht einmal zum Scheißen einen Ort suchen

Haiku vom Ende der Straße.
In den Zen-Texten heißt es: Wenn du den Berggipfel
erreichst, klettere weiter. Sagen wir hier: Wenn du am
Ende der Straße anlangst, geh weiter.

Das letzte, was ich in Havre-Saint-Pierre gesehen habe,
war ein kleiner Ahornbaum, dessen Laub herbstlich
errötete.

Der Zug nach Schefferville

»Könnte ich doch
zum ursprünglichen Begehren zurückkehren,
das meine Vernunft beseelt!«
Manuel de Diéguez

In Montréal hatte ich von ihnen gehört; den Leuten von den Minen.

Man erzählt sich die Geschichte von dem einzelnen Schürfer, der auf eine gute Ader stößt, seine Konzession an eine große Bergwerksgesellschaft verkauft, reich wie ein Krösus nach Montréal kommt, schnurstracks zum Händler geht und sich einen dicken weißen Cadillac-Schlitten kauft, einen Unfall baut, zum Händler zurückgeht: »Geben Sie mir einen anderen«, mit dem zweiten einen Unfall baut und wieder Richtung Norden verschwindet. Dann gibt es noch die Geschichte von dem Angestellten, der sich mit seinem Chef in die Haare kriegt. Aus Rache oder vielleicht auch nur, um sich Luft zu machen, geht er auf den Parkplatz, steigt in sein Auto, läßt den Motor an und fährt mit voller Wucht ins Auto seines Chefs. Es kommt ihn teuer zu stehen, aber welcher Spaß!

Da standen sie also auf dem Bahnhof von Sept-Iles und warteten auf den Zug, der sie nach Schefferville bringen sollte. Aus der Traum. Sie hatten ihr Geld an den Pokertischen, auf Sauftouren und im Puff durchgebracht. Fast alle hatten einen Zwölferpack Bier in der Hand, außer einem schmächtigen Kerl im rotgefütterten Anorak, der ein Exemplar von *Nymphes nues* mit sich herumtrug.

Die meisten Züge transportieren Eisenerz. Aber es gibt auch ein oder zwei Personenzüge: Samstag abends und Dienstag morgens. Der Sonntagabend-Zug ist ausschließlich für die Angestellten der Gesellschaft reserviert, wie ich erfuhr, als ich dort aufkreuzte. Und ich konnte noch so sehr den Zugführer zu überzeugen versuchen, daß er mich einsteigen lassen solle, und stur auf dem Bahnsteig stehenbleiben unter dem wachsamen Blick des Kontrolleurs, der nicht wollte, daß ich hinter seinem Rücken aufspringe – sie machten keine Ausnahme, und es kam gar nicht in Frage, daß ich mit diesem Zug fuhr. Aber jetzt war Dienstagmorgen, und da gab es kein Problem. Wenn ich verrückt genug war, nach Schefferville fahren zu wollen, ohne daß ich es mußte, so war das mein Bier.

Ich habe also eine Fahrkarte gekauft, mich in den Zug gesetzt und die *Betriebsordnung* vom 24. März 1976 gelesen, die gut sichtbar angeschlagen war:

Es ist streng verboten:
1. Absichtlich das Eigentum der Gesellschaft zu
beschädigen.
2. Akoholhaltige Getränke oder Drogen mitzuführen,
zu verkaufen oder zu konsumieren oder in
betrunkenem oder berauschtem Zustand im Zug zu
fahren.
3. Eine Schlägerei zu provozieren oder daran
teilzunehmen.

Es klang, als wäre der Zug eine fahrende Version von Sodom und Gomorrha, angereichert mit dem Remmidemmi und Krawall von Glasgow am Samstagabend. Na, dann los!

Ich habe meine Karte ausgepackt und die Namen der
Stationen verglichen:

Kémat
Tellier
Saumon
Nieman
Nipisso
Tika
Dorée
Tonkas
Bybee
Premio
Canatiche
Waco
Chico
Dufresne Lake
Mai
Eric
Little
Seahorse
Embar
Pitaga
Oreway
Drylake
Atchouanipi
Ross Bay
Ross Bay Junction
Emeril
Shabo
Talzie

Sawbill
Esker
Livingstone
Cavanagh
Faden
Menihek
Astray
Redore Junction
Knob Lake Junction...

Wenn diese Liste das Lesen verlangsamt hat, ist es gut.
So hat man Zeit, sich umzusehen. Auf dieser Strecke
braucht man sich nicht zu beeilen.

Es war ein schöner Herbstmorgen, und ich betrachtete
die Landschaft. Ich glaube, auch wenn im Zug die
Hölle losgewesen wäre, hätte ich meine Blicke nicht von
dieser Landschaft abgewendet.
Jean-Baptiste Mackenzie hatte mir gesagt, daß der Zug
mehr oder weniger dem alten indianischen Pfad folgen
würde, der vom Sankt-Lorenz-Strom zum Arktischen
Meer ging... Was für einen Sinn für den Raum diese
Indianer hatten! Einen Sinn, den die Kanadier im allgemeinen nicht haben und sich nicht einmal vorstellen
können. Erst vor wenig mehr als hundert Jahren sind
die Tausende von Quadratkilometer Land, die der
Hudsonbai-Kompanie »gehört« hatten, dem Territorium von Quebec hinzugefügt worden, und ein so
beeindruckender Raumzuwachs – als hätte Frankreich
plötzlich Sibirien vor der Tür – ist noch nicht ins lokale

Bewußtsein eingedrungen. Deshalb ist der ganze Norden für die Kanadier immer noch ein kaltes Rätsel, während er für die Amerikaner voller lebendiger Wirklichkeit ist. Ich will das nicht überstrapazieren, aber es ist so etwas wie der poetische Raum für einen normalisierten Geist.

Ich schaue auf den Moisie-Fluß, der durch den Wald fließt und den Herbsthimmel widerspiegelt. Ach, dies Glitzern der Birkenblätter, dort wo der Nipissis in den Moisie mündet!

Alles ist friedlich. Zumindest in diesem Waggon. Es sitzen nur noch zwei magere, bebrillte Yankees aus Chicago darin, die bei der Eisenbahn beschäftigt sein müssen, nach dem wie sie über Lokomotiven und Züge reden: »Das ist eine C. N. Nr. 12«, und ein rotgesichtiger Jäger, der neben einem dicken Rucksack laut schnarcht.

Ab und zu kommt ein Mann mit einem Walkie-talkie vorbei auf der Suche nach etwas, das er durchgeben könnte. Diesmal sagt er im Vorbeigehen:

Zwei »smokies« auf der Ostseite des Zugs.

Ein »smokie« ist ein Indianer.

Die Indianer winken, als wir vorüberfahren, dann verschwinden sie wieder im Wald.

Die kleinen Bahnhöfe entlang der Strecke sind wirklich sehr klein: nur eine Handvoll Baracken und »mobilhomes« für die Angestellten der Bahn. Der Zug hält ein paar Minuten, man lädt Kartoffelsäcke aus, vielleicht eine oder zwei Kisten mit Dosenpfirsichen, eine Rinderseite, dann fährt er weiter.

Zwischen dem Dufresne-See und Embar verläßt man den Saguenay-Distrikt und kommt nach Labrador. Es ist der 52. Breitengrad. Der Wald hat sich gelichtet, und die ganze herbstliche Pracht ist verschwunden. Jetzt gibt es nur noch Fichten und arktisches Moos.

Um der Landschaft näher zu sein und ein bißchen frische Luft zu schöpfen, gehe ich hinaus auf die Plattform zwischen den Wagen. Es stinkt nach Ammoniak. Hier müssen wohl die Biertrinker ihre Blase leeren. Ein Türchen hindert sie daran, in den Schoß der Natur zu fallen, und dagegen pissen sie ganz einfach. Ich werfe einen Blick in den nächsten Wagen: Männer von der Gesellschaft stieren trübsinnig vor sich hin oder spielen lärmend Karten. Über allem hängt ein Dunst von Bier, Erbrochenem und kaltem Rauch. Ich kehre zurück an mein Fenster.

Wir haben das Herbstlicht hinter uns gelassen. Jetzt scheint die weiße Sonne Labradors durch die grauen Wolken, und der Wind weht. Ich schaue zu, wie er die graublaue Oberfläche der Seen kräuselt.

Der Zug hält lange in Ross Bay Junction.

Und die Nacht bricht herein, erhellt nur von einer schmalen Mondsichel.

Als wir in Schefferville ankommen, ist es stockfinster, und der Wind ist eisig. Da ich nicht weiß, ob die Stadt nahe am Bahnhof ist oder nicht, und da ich keine Ahnung habe, wie es hier aussieht, gehe ich zur Auskunft und stelle ein paar Fragen. Dann gehe ich los und gelange zum Labrador Hotel.

Während ich an der Rezeption warte, dröhnt mir die Discomusik aus der Bar in den Ohren, und im angrenzenden Restaurant sehe ich eine Gruppe Männer um einen Tisch sitzen, der voller Bierflaschen und Hot Dogs ist.

Ich kenne allmählich die Sorte Zimmer, in die man mich führt: dicke Flecken auf dem Teppich und Brandstellen von Zigaretten auf dem ganzen Tisch. Neu ist im Vergleich zu den anderen, daß mich, als ich den Schrank öffne, ein Helm begrüßt, der ganz so aussieht, als suchte er einen Kopf. Meiner wird es nicht sein.

Ich blättere das Telephonbuch durch: *Labrador Telephone Company.*

»Willkommen im Reich des Saturn.«

Der Schamane und der Leuchtturmwärter

»Der parabolische Nabelpunkt
ist am schwierigsten zu beschreiben,
weil er von der Kodimension vier ist.«
René Thom

Auch Schefferville hat sein Totem: ein riesiger Eisenbrocken zwischen zwei Eisenbahnschienen. Roh, grob und technisch.

Ein roter, nackter Ort, Schefferville.

Gut, es gibt jetzt zwei Hotels und eine Reihe Villen für die Männer von der Gesellschaft und ihre Familien, aber es bleibt ein roter, nackter Ort. Überall roter Schlamm, roter Staub. Die Reste einer brutalen Vergewaltigung.

Am Anfang gab es nur das große graublaue Schweigen Labradors. Und fast ebenso schweigsame Indianer.

Natürlich werden diese Indianer mit ihren Luchsaugen gemerkt haben, daß die Erde hier und da röter war. Vielleicht konnten sie sich dadurch einen Pfad merken.

Dann kam Vater Babel.

Während er sich bemühte, den armen, in Unwissenheit dahindämmernden Montagnais das Wort zu verkünden, führte der gute Vater auch Tagebücher, in die er die Einzelheiten seiner Reisen eintrug. Bei diesem oder jenem Ort notiert er: »reich an Eisen«, »roter, weißer, metallischer Sand«. Diese Indianer hatten nicht nur keine Verbindung zu Gott, sie wußten auch nicht, was sie mit der Natur anstellen sollten. Sie begnügten sich damit, mit ihr zu harmonieren, sie wußten sie nicht zu beherrschen und sich untertan zu machen. Die Natur war für sie eine Präsenz, die guten Väter aber dachten in Begriffen des Fortschritts.

Babels Tagebücher fallen seinem Bischof in die Hände.

Im vollen Bewußtsein ihrer mineralogischen Bedeutung übergibt der Bischof sie der geologischen Kommission von Kanada, die ihrerseits den Geologen Law entsendet. Dieser durchstreift Labrador kreuz und quer in den Jahren 1892–1895 und schließt seine Nachforschungen mit einem Bericht ab, demzufolge es dort »eisenhaltige Formationen« gäbe, »die Millionen Tonnen Eisenerz enthalten können«.

Eine Mine nach der anderen wurde eröffnet – die Ferriman, die Redman, die Retty, die Star Creek, die Timmins... – und dicke Hämatit-, Limonit-, Magnetit-, Ilmenit-, Goethit- und Sideritadern wurden unbarmherzig ausgebeutet. Große Löcher entstanden im Boden in allen Farben, von blau über ocker bis platingelb. Nicht ohne eine gewisse Schönheit.

Die Indianer, denen man gerade vom Paradies erzählt hatte, verstanden nicht, wie ihnen geschah. Diese Leute sprachen ihnen von der ewigen Glückseligkeit, und gleichzeitig sprengten sie den Boden unter ihren eigenen Füßen weg. Aber sie machten sich an die Arbeit wie alle Welt. Das Paradies kommt am Zahltag. Alte Vogelscheuchen wie Häuptling Seattle ließ man in der Wüste predigen:

»Für mein Volk gibt es keinen Fleck auf dieser Erde, der nicht heilig ist. Eine Fichtennadel, die schimmert, ein sandiges Ufer, ein leichter Nebel, alles ist heilig in den Augen und im Gedächtnis meines Volkes. Der Saft, der im Baum aufsteigt, trägt in sich das Gedächtnis der Rothäute... Was bleibt übrig vom Leben, wenn man

nachts am Teich nicht mehr den Schrei des Ziegenmel-
kers und das Quaken der Frösche hören kann ... Das ist
das Ende des Lebens und der Anfang des Überle-
bens ...«
Deine Stimme verliert sich im Wind, alter Mann ...

Wenn man heute durch die Straßen von Schefferville
geht und eine Detonation hört, weiß man, daß wieder
dreitausend Tonnen Fels gesprengt worden sind. Hub-
schrauber schweben wie große Libellen durch die Luft,
während schwere Raupenschlepper auf der Suche nach
neuen Adern in die Natur vordringen. Libellen, Raupen
... der Eindruck, in einer seltsamen Welt von Riesenin-
sekten zu leben, einen Termitenhügel beschädigt zu
haben ... und angeekelt betrachtet man das emsige
Gewimmel.
Eine Stadt in voller Expansion, eine *boom town*.
Man sieht nicht mehr die Wellblechbaracken aus der
Pionierzeit, die Gemeindeschlafhäuser und den
berühmten »Labrador Pioneers Club«, von dem die
Veteranen erzählen. Familien haben sich hier nieder-
gelassen. Es gibt eine Stadthalle, ein Schwimmbad,
eine Schule, eine Bibliothek ... Alles, was man braucht
für ein glückliches Leben. Jawohl, man kann viel Kohle
machen und das Leben genießen. Das versprechen die
Reklameprospekte, und sie lügen nicht. Manchmal,
aber nur manchmal gleicht es vielleicht mehr einem
Insektenleben als sonst etwas, und man mag – als Frau
vor allem – an Klaustrophobie leiden bis zum Durch-
drehen. Aber es hat auch Vorteile, kein Zweifel. Und

wenn man einmal durchatmen will, kann man seine Verzweiflung immer noch mit einem Skianzug verkleiden und über die Hänge von Old Smokey Mountain gleiten, dem alten weißen Berg, der das alles mit eisigem Grinsen erträgt.

Bürger von Schefferville, die Gesellschaft liebt euch und wird sich um euch kümmern. Sie wird euch zur Seite stehen von eurer Geburts- bis zu eurer Todesstunde, von Sonnenaufgang bis Sonnenuntergang. Bumm!

Ich habe einen Spaziergang gemacht, auf dem mir alle diese Gedanken durch den Kopf gingen, und jetzt bin ich in meinem Zimmer im Labrador Hotel. Um mich ein bißchen mehr zu Hause zu fühlen, habe ich meine großen Karten vom Ministère de l'Énergie und dem Ministère des Terres et Forêts an die Wand gehängt. Das läßt Raum entstehen, eine blaue und weiße Atmosphäre.

Was wollte ich hier?

Die Antwort fällt mir schwer. Sagen wir: geomental meditieren.

So betrachte ich meine Karten, schaue durchs Fenster den graublauen Himmel an und schreibe Gedichte – zum Beispiel eines über die Große Graue Eule, die in dem Werk von Taverner, *Birds of Eastern Canada*, unter dem Namen *Scotiaptex nebulosa*, dunkler Wanderer, aufgeführt ist.

Work in progress.

Unlängst habe ich Mishima gelesen – nicht die Romane, sondern diese kleine intellektuelle Autobiographie mit dem Titel *Sun and Steel*. Das Buch beginnt so:

»Vor einiger Zeit hatte ich das Gefühl, daß sich in mir Dinge aller Art ansammelten, die in einer objektiven Kunstform wie dem Roman nicht abgehandelt werden können. Ein zwanzigjähriger Dichter mag dazu vielleicht imstande sein, aber ich bin nicht mehr zwanzig, und außerdem war ich nie ein Dichter. So habe ich mich zu einer persönlichen Dingen angemesseneren Form vorgetastet und bin zu einer Art Kompromiß zwischen Geständnis und Kritik gelangt, zu einer doppeldeutigen Ausdrucksweise, die man ›konfidentielle Kritik‹ nennen könnte. Eine Art zwielichtiges Schreiben, angesiedelt zwischen der finsteren Nacht des Geständnisses und dem hellen Tageslicht der Kritik. Das ›Ich‹, mit dem ich mich beschäftigen werde, wird nicht das Ich meiner ureigenen, persönlichen Geschichte sein, sondern etwas anderes... Über die Natur dieses anderen Ich nachdenkend, kam ich zu dem Schluß, daß es sehr viel zu tun hatte mit dem Raum, den ich physisch einnahm...«

Diese *räumliche* Bedeutung des Ich versuche ich, hier auf der Hochebene von Labrador zu entwickeln.

Ich erinnere mich an ein anderes Buch, das ich als Kind gelesen habe: *Die Steppe* von Tschechow. Leben auf einem unbekannten Territorium, ohne Zuflucht, ohne Anhaltspunkt. Die Frische von Bildern, die direkt aus der Erde aufsteigen. Da gibt es keinen Stil, vielmehr so etwas wie eine Physik, eine Physik des Geistes, eine

Physik der Worte. Keine schale Literatur, die tote Welten gebiert. Etwas, das weitergeht, das einen mit dem Universum verbindet.

In konzentrischen Kreisen habe ich mich von meinem Zimmer entfernt. Zuerst habe ich mich damit begnügt, durch die Stadt zu schlendern, dann bin ich zu den Minen gegangen. In den letzten Tagen bin ich noch weiter gegangen.
Die ganze Hochebene öffnet sich.
Ich öffne mich mit ihr.
In *Der Weg der Weißen Wolken* spricht Anagarika Govinda im Zusammenhang mit der tibetanischen Landschaft von der Bewußtseinsveränderung, die die physischen Auswirkungen von großer Höhe und gewissen meteorologischen Gegebenheiten verursachen.
Das Bewußtwerden dieses Zusammenhangs von Physischem, Psychischem und Geistigem steht am Ursprung des Yoga, und der »ganzheitliche Weg« des Yoga schließt Atemübungen, Körperhaltungen, Konzentration, Heiterkeit, kreative Imagination und geistiges Erwachen ein.
Eine grundlegende Praxis, die uns exotisch erscheint, weil unsere Kultur den Raum, in dem sie stattfinden könnte, verweigert und zerstört: den Raum der Einsamkeit und der Stille.

Für denjenigen, der diese Arbeit tun will, ist die Abwesenheit anderer denkender Wesen nicht bedauerlich, sondern sogar eine Erleichterung. Denn diese Abwesenheit erlaubt einem, sich der konventionellen Hilfsmittel der Kommunikation, des für den gewöhnlichen gesellschaftlichen Diskurs notwendigen begrifflichen Systems zu entledigen. Man dringt in andere Dimensionen ein. Aber das heißt nicht, daß man sich in Bewußtseinszustände verstrickt. Nein. Man verläßt die Domäne des Bewußtseins und erreicht ein Gefühl unmittelbaren Seins.

Erst außerhalb des Systems beginnen wir, die Dinge in einem hellen Licht zu sehen. Die Welt erstrahlt in einem Glanz, der übernatürlich scheint, nur weil er einmal ganz natürlich ist, das heißt nicht gekünstelt, nicht von den wissenschaftlichen, philosophischen und zweckrationalen Begriffen korrumpiert, mit deren Hilfe wir im allgemeinen die Welt nach unserem tristen Bild erschaffen.

Wie gesagt, work in progress.

Ich denke hier sehr oft an zwei Gestalten.

Die eine ist John Meikle Gibb, der weit weg in Schottland, im 18. Jahrhundert, in einem Begeisterungsausbruch seine Bibel verbrannte, zum Tode verurteilt, aber schließlich nach Amerika deportiert wurde, wo er sich den Indianern anschloß und Schamane wurde.

Die andere ist der Graf Henri de Puyjalon, der sein heimatliches Bordelais verließ und nach Kanada ging, wo er als Leuchtturmwärter auf einer Insel vor der

Küste von Mingan bis zu seinem Ende lebte, und der in seinem *Journal du Labrador* von dem Vergnügen sprach, allein zu leben, »fern von den Dummköpfen und vor allem fern von den geistreichen Leuten«.
Ein Schamane und ein Leuchtturmwärter.

Die seltsamen Tage im Labrador Hotel.

Carcajou

*»Ging bis zum Kaukasus,
vorbei an Skythen, Massageten, Indianern.«*
Rabelais

Ich sagte mir, es sei vielleicht an der Zeit, wieder in die Gesellschaft zurückzukehren.

Man hatte mir von bestimmten Familien im Reservat von Schefferville erzählt. Ich ging also hin, um ihnen guten Tag zu sagen.

Das Reservat von Schefferville unterscheidet sich von denen in Sept-Iles und Mingan dadurch, daß man dort zwischen Hütten und Baracken gelegentlich auf ein Zelt stößt. Es heißt sogar, daß manche Indianer hier lieber im Zelt leben und die Baracke ihren Hunden überlassen...

Der alte Falconer hat sein Zelt neben der Familienbaracke aufgeschlagen und verbringt dort den größten Teil seiner Zeit. Der Alte mit seiner ledernen Haut und seiner großen Nase, die wie eine dicke Kartoffel mitten im Gesicht sitzt, der alte Falconer ist ein Naskapi. Er ist nach Schefferville gekommen, als die Hudsonbai-Kompanie ihren Handelsposten in Fort Mackenzie geschlossen hat. Aber er sagt, er habe »seine Seele da oben gelassen«.

Ich sitze im Zelt vom alten Falconer zusammen mit zwei oder drei Indianern, und der alte Falconer erzählt eine Geschichte, einen ganzen Sack voll Geschichten, über Carcajou.

Carcajou? Wer ist das?

Carcajou, das ist der Dachs, aber das ist auch der Gauner, der durch die Welt läuft und springt, immer unterwegs, immer in der Patsche, aber mit allen Wassern gewaschen. Was auch geschieht, er kommt immer davon, immer vergnügt und frech, immer voller Einfälle.

Was macht Carcajou? Er läßt der Kultur die Luft raus. Er bringt uns wieder mit den Füßen auf den Boden.

Der alte Falconer sagt, es gäbe nicht mehr viele Dachse in der Gegend. Sie sind alle nach Norden abgewandert. Sie mochten das Weihwasser der Priester nicht.

Aber Carcajou ist immer noch da.

Alles, was man braucht, ist ein bißchen Gedächtnis und etwas Phantasie. Der alte Falconer hat beides zuhauf.

Er erzählt seine Geschichte.

Wir hören zu.

Carcajou, kommst du?

Ja, Mann, ich komme.

Carcajou!

Ich komme ja, ich komme. Muß nur erst durch den ganzen Mist, durch das ganze Schlamassel, laß mir Zeit, Freund, laß mir Zeit, ich komme auf dem unteren Weg, wo es kein Gesetz gibt, ich komme.

Carcajou treibt sich wieder herum.

Prrutt-prrutt, prrutt-prrutt, prrutt-prrutt-prrutt.

Das ist er. Schamlos furzend. Wie üblich.

Prrutt-prrutt, prrutt-prrutt.

Da ist er. Feuer und Flamme. Das Leben selbst.

Prrutt-prrutt, prrutt-prrutt.

Carcajou dreht sich zu seinem Hintern um und fragt ihn:

Was machen wir jetzt?

Keine Antwort.

Carcajou, nie in Verlegenheit, schmiert sich ein bißchen Fett in sein Arschloch.

In Goose Bay lassen wir's uns gutgehen.

Das dachte ich auch schon, sagt Carcajou, und er rennt
so schnell davon, daß er gegen einen Baum prallt.

Hoppla, Verzeihung, Alter. Wer bist du?

Die Birke.

Da weiß Carcajou, daß er die richtige Richtung einge-
schlagen hat, und läuft weiter.

Prrutt-prrutt, prrutt-prrutt.

Es furzt auf der ganzen Strecke.

Er begegnet einer Schar Enten.

Als die Enten ihn sehen, fangen sie an zu schnattern
und zeigen mit dem Finger auf seinen Bauch.

Was hast du da drin?

Lieder. Ich hab einen Bauch voller Lieder. Holt die
Tänzerinnen, und ich schmettere mein Liebeslied. Ich
singe für mein Abendessen, ha, ha.

Immer lustig, der Spaßvogel.

Die hübschesten Enten bilden einen Kreis und fangen
an zu tanzen.

Macht die Augen zu, sagt Carcajou. Macht die Augen
zu, meine Täubchen, macht eure hübschen Augen zu,
säuselt er mit honigsüßer Stimme.

Und all die hübschen Entchen schließen die Augen und
tanzen weiter.

Carcajou verschlingt sie alle, eine nach der andern, ha,
ha.

Dann zieht er weiter.

Er sieht einen Felsen, der sich bewegt.

Ein Fels, der sich bewegt?!

Er geht vorbei, als wäre nichts, dann dreht er sich plötzlich um.

Ich hab's gesehen. Du hast dich bewegt!

Wer hat sich bewegt? sagt der Felsen.

Und außerdem redest du! sagt Carcajou.

Gut, ich bewege mich und rede. Na und?

Spinner, sagt Carcajou. Wenn du reiselustig bist, solltest du lieber mit mir kommen.

Und auf leisen Sohlen geht Carcajou weiter, summt eine kleine Melodie, und der Felsen rollt neben ihm.

Sie begegnen einem Raben.

Hallo, Freund, wie heißt du?

Kujkynnjaku, sagt der Rabe.

Woher kommst du?

Aus Kamtchatka.

Aha, aus der Wiege der Poesie. Bleib bei mir, Bruder, wir werden unsern Spaß zusammen haben.

Okay, sagt der Rabe.

Dann treffen sie einen Wolf.

Wie geht's, Kollege? sagt Carcajou.

Es geht, sagt der Wolf, ich schlage mich durch.

Was machst du aus deinem Leben?

Ich streife um die Grenzen der Neuen Welt.

Na dann, viel Glück, sagt Carcajou.

Carcajou hatte schon von diesem Wolf gehört. Ein sehr alter Wolf. Er streift seit der Sintflut um die Welt.

Sie stoßen auf eine Schar Wildgänse.

Reizend allesamt.

Vor allem die Kleine mit den grünen Augen...

Wie heißt du, fragt Carcajou.

Helle Augen, sagt das Gänschen.

Carcajou lädt sie in den Wald ein.

Eine seltsame Kreatur sollte aus dieser Vereinigung entstehen.

Nenn es Such-die-Welt! schrie Carcajou der Gans nach, die davonflog.

Und sie gingen alle zum Strand hinunter.

Carcajou, der Rabe und der wandernde Felsen.

Carcajou zog eine Flasche Bourbon aus der Tasche.

Er reichte sie dem Raben.

Der Rabe zwinkerte, nahm einen Schluck und gab sie dem Felsen.

Der Felsen sagte, er trinke nicht.

Ja, das wissen wir, sagt Carcajou, du brauchst es nicht, du bist schon randvoll.

Er nahm seinerseits einen Schluck.

Und sie saßen da und betrachteten die Wellen.

Bis sie eine elegante Möwe bemerkten, die am Rand des Wassers entlangtrippelte. Bald pickte sie eine Alge auf, bald schlug sie mit den Flügeln, bald flog sie eine kleine Schleife über dem Meer.

Das brachte Carcajou wieder auf Trab.

Wie heißt du?

Flügel des Tao.

Kommst du mit uns?

Wohin?

Ich weiß nicht, aber wir kommen hin.

Das ist mir recht, sagt die Möwe, aber bleiben wir an der Küste. Im Landesinnern ersticke ich.

Okay, sagt Carcajou, kein Problem.

Das letzte Mal, als ich Carcajou, den Raben, den

Felsen und die Möwe gesehen habe, gingen sie im Gänsemarsch am Ufer entlang.

Der Felsen rollte vor sich hin.

Der Rabe meditierte.

Die Möwe hatte die Augen weit offen und die Nase im Wind.

Carcajou trottete dahin und wiegte seinen Hintern im Rhythmus einer kleinen Melodie.

Als sie am Horizont verschwanden, ließ er einen letzten Furz in Richtung Zivilisation.

Am Indianerhüttensee

»Irgendwo spricht jemand.
Im Norden spricht der Stamm des heiligen Steins.
Ihr werdet irgendwo irgend jemanden
sprechen hören.«
Sioux-Gedicht

Jedesmal wenn sich irgendwo in unserer Zivilisation ein leerer Raum auftut, beeilen wir uns – statt daß wir darin eine Gelegenheit sehen, unser Lebensgefühl zu vertiefen –, ihn mit Lärm, Spielzeug und »Kultur« zu füllen.

Deshalb brauchen wir Orte wie den Indianerhüttensee.

Orte, an denen wir *der Welt lauschen* können.

Indianerhüttensee.

John Maclean, Angestellter der Hudsonbai-Kompanie, nannte ihn so in seinen Aufzeichnungen wegen der Gerippe von Indianertipis, die auf den Landzungen standen.

Als diese Tipis bewohnt waren, hieß der Ort auf Montagnais *Mushua Nipi:* »See vom Land ohne Bäume«.

Die ganze Hochebene, kaum der Eiszeit entronnen, mit ihren Flechten, Büschen und vereinzelten Felsen, war eine heilige Stätte: das Paradies der Karibus, regiert, *inspiriert* von Attiknapeo, dem Karibu-Menschen.

Große Karibuherden sammelten sich hier auf ihren Nordsüd- und Südnord-Wanderungen. Und Menschen: Montagnais, Naskapi, Eskimos – um zu jagen und um Tabak, Felle und Elfenbein zu tauschen.

»Zahllose Karibus sind am Indianerhüttensee erlegt worden, so viele in der Tat, daß der Ort in die Geschichte eingegangen ist«, schreibt Pritchard *(Through Trackless Labrador).*

»Der Ort ist in die Geschichte eingegangen«, sagt Pritchard. Bei uns geht ein Ort in die Geschichte ein, wenn an ihm ein Ereignis oder eine Reihe von Ereignissen stattgefunden hat. Aber als Jean-Baptiste Mackenzie mir vom Indianerhüttensee erzählte, dachte er nicht in solchen Begriffen. Sein Geschichtsbewußtsein war noch vom Geist des Mythos durchdrungen. Und ebenso war auch die Ökonomie bei ihm nicht von der Religion getrennt – jedenfalls nicht in der Tiefe seines Denkens, wo noch das Feuer seiner Träume schwelte. Da gab es *eine Totalität*. Können wir jenseits jeder bloß sentimentalen Beschwörung der Vergangenheit, jenseits jeder anthropologischen Forschung noch hoffen, eine solche Totalität zu leben? Oder sind wir dazu verdammt, nur das Beste aus unseren Getrenntheiten und Widersprüchen zu machen?

Vielleicht können wir lernen, wieder der Welt zu lauschen. Wer weiß, welches Geheimnis sich uns entdeckte?
Der Welt lauschen...
Ich denke an die *große* Vision des Schwarzen Elchs:
»Plötzlich war da nichts mehr als eine Welt von Wolken, und wir waren allein, mitten auf einer riesigen weißen Ebene, und hohe, schneebedeckte Berge schauten uns an. Es herrschte eine große Stille, *aber da war ein Flüstern.*«
Und ich denke an dieses Gedicht:

Hör zu alter Mann hör zu
hör zu und rühre dich nicht
hör lange lange zu
auf den Wegen wo der Wind rauscht hör zu
im Schoß der Winde hör zu
alter Mann hör zu
sei sehr alt und hör zu

Yoga am Indianerhüttensee.
Ich merke, daß das Wort Yoga mich stört. Ich möchte
ein gewöhnlicheres Wort finden.
Sagen wir einfach: still sitzen, aufmerksam sein, sich
dem Universum öffnen.

Den ganzen Nachmittag sitze ich da und lausche.
Als der Abend kommt, murmle ich die Worte:

Heute lebe ich, aber ich werde nicht immer leben
Rote Sonne, du allein wirst bleiben
Weißer Mond, du allein wirst bleiben
Wunderbare Erde, du allein wirst bleiben

Die Kumpels
von Goose Bay

»Dort entdecke ich ein Casino –
das CASINO DER VERSTORBENEN –
ein Winterquartier...«
Tristan Corbière

Direkt unterhalb von Livingstone, beim Kilometerstein 101, wenn man von Schefferville herunterkommt, geht eine Straße von der Bahnlinie ab. An manchen Tagen gibt es einen Bus nach Goose Bay, zur Wildgänsebucht. Diese Straße nach Goose Bay liegt zwischen dem 53. und dem 54. Breitengrad und führt vom 66. bis zum 60. Längengrad, vorbei an den Muskrat Falls (Bisamrattenfälle), dem Winuakapau-See und dem Lake Gull (Möwensee).

Während der Fahrt hatte ich ein indianisches Gedicht im Kopf:

Aus der Tiefe
machen sie sich auf den Weg
die alten Männer unter der Erde
sie sind auf dem Weg
bemalt mit roten Kreisen
sie sind auf dem Weg
in das Zentrum des Geisterorts
sie sind auf dem Weg
auf der roten Straße, der guten roten Straße
sie sind auf dem Weg…

Goose Bay bot an diesem Morgen ein merkwürdiges Schauspiel. Wohin ich mich auch wandte, sah ich bärtige Männer mit verstörtem Blick, umgeben von Campingausrüstungen, Kartenrollen und Geigerzählern, Prospektoren und Markscheider, die direkt aus dem Wald kamen. Das waren alles *kabloonamiut* (in der Eskimosprache: »Leute mit dicken Augenbrauen«, das heißt Weiße). Aber es gab auch viele Indianer und Eskimos, vom Jäger bis zum Flugzeugmechaniker.

In einer Bar beim Flughafen traf ich Scott Macpherson.

Sind Sie gerade angekommen?

Ja.

Willkommen bei der NUBA.

Sagen Sie mir erst einmal, was das ist.

Northern Ungava Bushmen Association.

Buschmänner?

Ein Buschmann ist einer, der nicht mitkommt, der ein bißchen spinnt. Einer, der zu lang im Wald gewesen ist.

Gibt es hier viele davon?

Und ob! Alle hier sind so. Die Eskimos und die Indianer sind so geboren. Wir werden es.

Er zeigte mir seine *carottes de sondage*, seine Bohrproben. Er war im Auftrag einer Gesellschaft aus Montréal in Ungava gewesen, um Asbest und Nickel zu suchen.

Kann gut sein, daß es auch Gold gibt unter dem verdammten Eis.

Ein Mann, Buschpilot, wie sich herausstellte, gesellte sich zu uns.

Das ist Jim Murphy, alias Lucky.

Ich fragte Murphy, wie es ist, in diesem Gebiet zu fliegen.

Nicht so leicht. Erstens gibt es Nebel. Und im Sommer dann die Gewitter über den Seen. Aber etwas ist noch schlimmer als Nebel und Gewitter, nämlich das *whiteout.*

Whiteout?

Dasselbe wie ein *blackout*, nur das Gegenteil. Man sieht nichts, aber deswegen, weil es zuviel Licht gibt. Der Schnee blendet einen.

Was haben Sie für ein Flugzeug?

Eine kleine einmotorige Cesna. Damit kommt man überall durch, auf dem Meer wie auf dem Land. Ich kann sie mit Schwimmern ausrüsten oder mit Skiern, mit allem. Die bringt einen überall hin. Wollen Sie wohin?

Später vielleicht, die Küste entlang.

Jedenfalls, die Saison ist für mich vorbei, ich stehe zur Verfügung.

Murphy sagt, ich solle an diesem Abend zu ihm kommen, um was zu trinken und zu reden. Okay.

N.A.N.R.

Northern Affairs and National Resources.

D.N.A.

Department of Northern Affairs.

T.N.L.

Terre-Neuve et Labrador.

Der Norden wird in Beschlag genommen.

Aber eigentlich ist Goose Bay eine Durchgangsstation geblieben. Die Wildgans fliegt noch darüber auf ihrem Weg zum Waldensee und weiter.

Um all diese Büros zu konterkarieren, sollte man vielleicht ein Bureau de la science du passage oder ein Zentrum für geopoetische Forschung gründen …

Beim Herumschlendern stelle ich mir eine Gruppe von

Männern und Frauen aus allen Teilen der Welt vor, die einen Archipel offener Geister bilden. Nicht so sehr Künstler, als Erforscher von Sein und Nichts. Erratisch und extravagant, auf der Suche nach neuen Konfigurationen, außerhalb der gewöhnlichen Kultur.
Neue geistige Energien. Ein frischer Wind, der über die Welt blasen würde!
Zugegeben, all das ist Utopie.
Ich weiß, daß die Stadt der toten Träume noch lange bestehen wird.

Abends bin ich zu Murphy gegangen.
Er hatte ein phantastisches Radio, mit dem er alle Sender von Quebec und Labrador empfangen konnte.
Er bekam die Eskimo-Sender von Ivujivik, Koartak, Akulivik, Aupaluk, Leaf Bay, Payne Bay, George River, Poste-de-la-Baleine, Inukjuak, Povunghituk, Sugluk, Wakeham Bay und Fort Chimo.
Er bekam die Indianer-Sender von Caughnawaga, Natashquan, Mingan, La Romaine und Saint-Augustin.
Er bekam die französischen Sender von Montréal, Maniwaki, Havre-Saint-Pierre, Iles-de-la-Madeleine, Gagnon, Fort Coulonge, Fermont, Rimouski, Schefferville, Senneterre und Châteauguay.
Mit diesem Radio konnte man auch senden. Mit Hilfe des internationalen Codes sende ich folgende Botschaft:

Charlie uniform lima tango uniform romeo echo stop.
Alpha november alpha romeo Charlie hôtel India
sierra tango echo stop.
Papa lima alpha november echo tango alpha India
romeo echo over.

Wird die Botschaft empfangen?
Vielleicht nicht.
Aber wir machen weiter.

Arktische Chronik

»Dieses neblige und verrückte Land...«
Nicolas Bouvier

Zuerst war das Eis da, dann kamen die Eskimos. Woher sie kamen, weiß Gott allein – das Geheimnis ist irgendwo jenseits der Beringstraße begraben –, aber sie wurden *Labradoremiut*, die Menschen von Labrador. Im Winter jagten sie Pelztiere, im Frühjahr jagten sie Robben und fischten Forellen und Kabeljau, im Sommer fingen sie Seevögel und sammelten in der Tundra Blaubeeren. Sie lebten in Häusern aus Eis *(iglovigak)* oder Torf *(iglosoak)* und Zelten aus Tierhäuten.

Die ersten Europäer, die auftauchten, waren die Wikinger, die aus Grönland kamen:

> *Nu er at segja af Karlsefni at hann for sudr fyrir landit ok Snorri ok Bjarni med sinu folki peir furu lengi ok allt par til...*
>
> (Es muß jetzt gesagt werden, daß Karlsefni Kurs in Richtung Süden nahm, zusammen mit Snorri, Bjarni und all seinen Leuten. Sie segelten lange, bis...)

Sie hatten einen Schotten dabei, den sie irgendwo auf den Hebriden aufgelesen hatten und der, sobald er an Land kam, in den Wäldern verschwand und es zehntausend Meilen von den Glasgower Pubs entfernt fertigbrachte, sich sinnlos zu besaufen.

Die Männer aus dem Norden hatten ein paar Scharmützel mit den Eskimos. Aber diese Winzlinge *(skraeling*, sagten die Wikinger) machten ihnen solche Schwierigkeiten, daß sie beschlossen, sie in Ruhe zu lassen und zu ihren Höfen zurückzukehren.

Danach kamen wilde baskische Walfänger aus Bayonne, Biarritz und Saint-Jean-de-Luz, denen in gleicher Absicht die langhaarigen und grauäugigen Bretonen aus Paimpol und Bréhat folgten. Lange Zeit später fand man Haufen von Walknochen an den Orten, wo sie gelebt hatten, in Forteau, Red Bay, Brador.

Ende des 17. Jahrhunderts erhielt Augustin Legardeur, Sieur de Courtemanche, das Privileg, in der Meerenge von Belle-Ile den Kabeljau zu fischen und einen Handel zu eröffnen. Er und sein Schwiegersohn Martel de Brouage bauten in der Baie Phélypeaux ein Fort, das für die Bewohner von Südlabrador ein Handelszentrum wurde. Sie schickten Walknochen und Robbenöl nach Frankreich. Ab 1706 gab es eine Konzession in Saint-Paul, »im Land der Eskimo«, zwischen Mingan und Belle-Ile. Weitere Konzessionen gingen bis Zentral-labrador und in die Baie des Esquimaux.

Im Jahr 1763 hörte der französische Einfluß auf, und eine Horde Abenteurer aus England, Schottland, Irland und den amerikanischen Kolonien trat auf den Plan. Sir Hugh Palliser, der Gouverneur von Neufundland, beklagte sich über die »bunt zusammengewürfelte Menge, die jetzt zu den neuen nördlichen Ufern um die Meerenge von Belle-Ile strömt und die sich aus dem Abschaum der verschiedenen Kolonien zusammen-setzt«.

An der Spitze einer Gruppe von Iroschotten und Indianern besaß ein gewisser Cartwright eine ganze Reihe Handelsposten, die sich von Saint-Charles bis zur Sandwich Bay erstreckten. Dieser Cartwright war ein Gauner und ein geldgieriges Schlitzohr, dennoch bezeugt sein Tagebuch, daß er auch Augen für andere Dinge hatte. Die wilde Küste ließ ihn nicht gleichgültig:

»Am 10. August«, schreibt er, »haben wir einen Schwarm Brachvögel gesehen, der wohl eine Meile lang und fast genauso breit war. Es waren vielleicht vier- oder fünftausend. Ihre Schreie klangen wie das Pfeifen des Windes in den Seilen eines Tausend-Tonnen-Frachters.«

Gegen Ende des 18. Jahrhunderts wurde die ganze Küste südlich von Battle Harbour von Europäern und Amerikanern überrannt.

Sie unterteilten sich in *liveyres*, *stationers* und *floaters*. Die *liveyres* (vom englischen *live here*: »die, die hier leben«) jagten Robben und Pelztiere und fischten Kabeljau und Lachs. Sie hatten auch kleine Gärten mit hier und da zusammengeklaubter Erde. Die *stationers*, die vor allem aus Neufundland und vom Nordufer des Sankt-Lorenz-Stroms kamen, blieben die Fischfangsaison über da. Die *floaters* ließen sich gar nicht nieder: Sie kamen mit kanadischen Schonern und fingen den Kabeljau vom Fischerboot aus.

Die *stationers* und die *floaters* drangen immer weiter nach Norden vor – bis nach Nachvak, Ryan's Bay und

Komaktorvik. Sie kamen immer zahlreicher ·und in
immer größeren Schiffen.
Die Hudsonbai-Kompanie errichtete ihre erste Niederlassung 1832 in Rigolet und dehnte ihr Gebiet bald bis
Nachvak und Ramah aus.

All diese Leute an der Küste...
Aber es war noch viel Raum zwischen ihnen, und
Labrador blieb eine entlegene Region. Vor 1901 kam
die Post einmal im Jahr. Wer »an die Küste hoch« ging,
sagte der Zivilisation ade.
Es war hart, selbst für die Eskimos. Sie waren nicht
mehr, was sie gewesen waren – Typhus, Alkohol,
Diphtherie, Grippe und religiöse Erziehung hatten
unter ihnen gewütet. Anstatt über das ganze Land
verstreut zu leben, schlossen sie sich jetzt zu ständigen
Gemeinden zusammen. Die nördlichen Fjorde, die sich
ins Torngat-Gebirge einschneiden, waren verlassen.
1919 dezimierte eine Grippeepidemie die Bevölkerung
von Okak. In Hebron war nur noch ein Hund übrig. Die
Leute gingen in den Süden. Nach Happy Valley zum
Beispiel, in der Nähe von Goose Bay. Gute Löhne, gute
Häuser und Abwechslung:

I'm H-A-P-P-Y
I'm H-A-P-P-Y
I know I am, I'm sure I am
I'm H-A-P-P-Y

Stellen Sie sich diese Hymne ans Glück von Harry, dem Eskimo, zu den fröhlichen Klängen einer evangelischen Ziehharmonika gesungen vor.

Die Niederlassung der Hudsonbai in Nachvak schloß 1906, 1908 folgte Ramah.

Das ganze Gebiet nördlich von Nain liegt heute »einsam und kalt da in seiner polaren Öde«, wie Wallace in *The Long Labrador Trail* schreibt.

Der Kreis hat sich geschlossen.

Zurück zum Ausgangspunkt.

Nackte Erde

»Erde, Meer, Feuer, Wind – singend
in den weißen Akt.«
Dylan Thomas

Mit Lucky machte ich ein paar Spritztouren entlang der Küste:

Insel Aulatsivik
Kiglapait-Gebirge
Okak-Inseln
Cod Island
Kaumajet-Gebirge
Hebron-Fjord
Saglekbai
Ramahbai
Nachvak-Fjord
Torngat-Gebirge
Cap Blanc
Ryansbai
Insel Killinek

All das ist von einer fernen und trostlosen Schönheit.

»Die Küste Labradors«, schreibt ein Geologe, »ist immer noch eine der steilsten und zerklüftetsten Küsten der Welt. Die Nacktheit der Felsen, das Fehlen von Wald und Torf erlauben der langen Küste, daß sie ihre eigene Geschichte erzählt. Mehr als anderswo hat Mutter Natur hier die Erde von ihrem geologischen Kleid befreit, mit dem sie sie normalerweise versieht, und die Geschichte der Zeiten ist in ihre nackten Knochen eingraviert.«

Wie gelangt man in diese Nacktheit, in diese Leere?
Wenn man mit ihr lebt und sie benennt?
Während ich über die Küste und das eisblaue Meer
Labradors flog, gingen mir Gedichte von Eskimoscha-
manen durch den Kopf:

Das große Meer
umspült mich
ich lasse mich treiben
von der Erde und der Bewegung des Himmels
wie ein Grashalm im großen Fluß
ich lasse mich treiben
sie haben mich fortgetragen
sie machen mich innerlich froh

Es sind »weitläufige« Gedichte, die weit über die Per-
son hinausgehen. In einer Landschaft wie dieser muß
die Poesie am Knochen hängen und sich den Winden
öffnen.

Ich suchte einen Ort, wo ich bleiben konnte. Eine Nacht
und einen Tag. Im Dunkeln und im Licht.
Schließlich schien Nachvak am besten zu sein.
Ich habe eine Nacht, eine lange Nacht damit verbracht,
durch die große arktische Stille zu gehen.
Durch diese heilige Stätte der Vögel.
Und ich versuchte, die entferntesten Wellen zu emp-
fangen.

Nacht über Labrador
im Zwielicht unzählige Vögel
sitzen   schlafen
nur ein paar noch unterwegs
dort   Möwen fliegen vorüber

Ist das ein Tod?
Oder das Vorspiel zu einem anderen Leben?

Die Frage zu schwer
sie stört
diese Wellen des Schweigens
lieber warten
genießen   das Zwielicht

Zungen von Wasser
Zungen von Wasser aus dem Eismeer
sich streckend in Buchten und Fjorde
leckend am archaischen Fels
sprechen das Gedicht   jenseits der Fragen

sie schlafen
die Enten   die Gänse   die Regenpfeifer
sie schlafen alle
diese Erde   ein großes Heiligtum

eine Pause
auf dem langen Wanderweg

eine Pause

in dieser Nacht
zwischen der Alten und der Neuen Welt
eindringen   tiefer
immer tiefer
in eine Welt
weder neu noch alt

eine Welt
weder alt noch neu
folgen   bis ans Ende
dem Weg der Vögel

. . .

Der Morgen graut
im Schrei der Wildgans

Ungava

»Neue Wege, fern von allen alten Geschichten.«
Charles Olson

Der Wind blies ununterbrochen: *megamoowessoo,*
megamoowessoo... Hier oben in der Ungavabai bläst in
dieser Jahreszeit an sechs von sieben Tagen ein starker
Wind.
Ungava heißt in der Eskimosprache: »Der fernste
Ort.«
Aber die Zivilisation hat selbst diesen »fernsten Ort«
erreicht, in Gestalt einer Ansiedlung, die den Namen
Fort Chimo trägt.
Fort Chimo, am Ufer des Koksoak-Flusses, besteht aus
einem Haufen roter und grüner Baracken und Schuppen
mit einer Handvoll bürgerlicherer Häuser an der Peri-
pherie. Es gibt sogar ein paar Behausungen in Igluform,
so daß die alten Eskimos sich zu Hause fühlen.
Ja, alles ist zivilisiert. Man kann hier Billard und sogar
Bingo spielen. Man kann ins Kino der katholischen
Mission gehen. Man kann alle Sozialleistungen genießen. Man sieht hier keinen Eskimo herzhaft in Wal-
oder Karibufleisch beißen. Ach wo. Hier ißt man kraft,
baloney und ketchupverkleisterte Hot Dogs wie überall.
Was weiteren Fortschritt nach sich zieht: Jedes Jahr
wird die Woche der gesunden Zähne proklamiert
(»Lächelt, Kinder, lächelt«).

Ich sitze in einer Hütte, die mir ein Anthropologe der
Universität von Laval zur Verfügung gestellt hat, und
höre dem Schneewind zu.
Mir gegenüber auf dem Tisch liegt ein Exemplar des
Kosmos von Humboldt und ein Stück Labradorit.
Labradorit?

Als die geschmolzene Erde erstarrte, verwandelte sie sich in Gestein wie Quarz, Feldspat, Glimmer und Hornblende.

Labradorit ist eine Feldspatart.

Wenn das Licht auf seine glasige Oberfläche fällt, bricht es sich in einer *Vielzahl blauer Blitze*.

Ab und zu nehme ich das Stück Labradorit und lasse das Licht darin spielen.

Heute nacht hatte ich einen Traum.

Ich war mit einem Eskimo zusammen.

Wir saßen an einem Tisch und tranken und redeten.

Er sagte zu mir, die Trunkenheit hätte bei ihm das letzte Stadium erreicht.

Das ist das *skinadur*, sagte er und erklärte mir, daß das *skinadur* eine »zweite Haut« wäre.

Er hatte die transzendentale Phase erreicht.

Wenn er jetzt mit der Harpune in seinem Schiff stünde, würde eine Stimme zu ihm sagen: »Töte nicht den Wal. Das ist deine Chance, Tamanika zu erreichen.«

Ich habe gefragt, wo Tamanika sei.

Tamanika ist nirgends, sagte er.

Ich habe viel geträumt in letzter Zeit. Traum auf Traum. Als wollte etwas tief in meinem Gehirn Vergrabenes an die Oberfläche. Aber vielleicht kommt es woandersher.

Einen träumte ich vor ein paar Nächten:

Ich war von einem gewissen Zentrum für spirituelle Studien nach England eingeladen.

Ich bin in einer Stadt. Ich nehme ein Taxi. Wir kommen zu dem Haus, wo das Kolloquium stattfinden soll. Es ist an einem Flußufer, auf einer Landzunge. Ich bin enttäuscht. Ich glaubte, es wäre am Meer. Zudem scheint es düster zu sein. Aber man sieht schneebedeckte Berge am Horizont.

Ich sitze im Salon und warte darauf, daß das Kolloquium beginnt. Leute spielen Karten. Es sind distinguierte Engländer, als Einsatz nehmen sie das Familiensilber. Neben mir sitzen zwei Männer. Auf der einen Seite ein alter Langweiler, eine Art Okkultist, auf der anderen ein netter, oberflächlicher Bursche, Typ positivistischer Wissenschaftler.

Von dem Kolloquium ist nichts zu erwarten.

Später bin ich in meinem Zimmer. Es hat dreifach verglaste Fenster.

Ein junges Mädchen kommt herein. Sie zieht sich aus. Sie hat blaue Brüste.

Der Sohn der Veranstalterin, der ein bißchen spinnt, irrt durchs Haus. Er bleibt vor meiner Tür stehen und weist aufgeregt darauf hin, daß sich in meinem Zimmer etwas Ungewöhnliches und Asoziales abspielt.

Die folgende Szene sehe ich aus einem gewissen Abstand. Da bin ich, das Mädchen und eine Gruppe geschäftig hin und her laufender Leute.

Aber das einzige, was mich interessiert, sind die *blauen Brüste*.

Hin und wieder tauchen auf meinem Weg blaue Bilder auf, im Traum oder in der Realität.

Es hat in Glasgow angefangen. Der blaue Sari auf der Brücke.

Dann hatte ich einen Traum, in dem ich einen Stein gesehen habe, und der Stein zerbrach, und heraus trat ein seltsames blaues Licht.

Und dann kam im Botanischen Garten von Glasgow der Morgen, an dem ich vor den blauen Blüten des tibetanischen Mohns stehenblieb.

Diese Erscheinungen finden im allgemeinen in Perioden der Verzweiflung statt, wenn ich durcheinander bin.

So war es auch neulich, als ich in einem Haus in der Bretagne am Fenster stand: Ein blauer Eichelhäher setzte sich direkt vor mich hin.

Diese blauen Zeichen bringen mich wieder auf den *tiefen Weg*.

Die genaueste Beschreibung des »tiefen Weges« enthält wahrscheinlich das *Tibetanische Totenbuch*, das die neunundvierzigtägige Reise erzählt, die die Seele unternimmt, um nach Hause zu kommen. Diese Seelenreise heißt *Bardo*, und die Etappen des Weges sind markiert von Licht- und Farberfahrungen.

Man braucht den *Bardo* nicht nur in Begriffen des Jenseits zu interpretieren. Weil das, was wir »Leben« nennen, meistens nur aus sekundärem Streben und Reden besteht, kann man erst, wenn man »tot« ist, entronnen diesem Pseudoleben, eine fundamentalere

Erfahrung leben, eine Ahnung bekommen vom »leuchtenden Pfad des Wissens«.

Der Wind weht über Ungava, und es ist ein langer Abend in Fort Chimo, irgendwo in der großen Nacht der Welt.

Ein paar Meter weiter – manchmal dringen Fetzen zu mir – spielt eine Eskimo-Rockband *Polar Blues*.

Ich bleibe die ganze Nacht am Fenster sitzen.

Gegen ein Uhr versiegen die Klänge der *Rockapokalypse*.

Ich bleibe sitzen und lausche dem Wind.

Ab und zu drehe ich das Stück Labradorit in meiner Hand.

In der Dämmerung höre ich den Schrei einer Möwe, und ich denke an Max Stirner *(Der Einzige und sein Eigentum):* »Die ungeheuere Bedeutung des gedankenlosen Jauchzens konnte in der langen Nacht des Denkens und Glaubens nicht erkannt werden.«

Können wir jetzt aus dieser »langen Nacht« heraustreten?

Vielleicht – wenn wir genug gearbeitet haben auf einem Gebiet, das weder das des Denkens noch das des Glaubens ist.

Das Gebiet der großen Arbeit.

Eine Art Labrador.

Ich gehe hinaus, um den Morgen und die Welt zu begrüßen.

Und der Wind trägt mir ein Gedicht zu wie einen großen Wachtraum, in dem »der Mann, der den Norden sucht« die Gestalt eines dieser Nordreisenden wie Erik der Rote oder Karl Karlsefni annimmt, die um das Jahr 1000 in Labrador landeten.

In dem am Ende der persönlichen Reise gewonnenen Raum vermischen sich die Identitäten und die Zeiten.

Lassen wir also, jenseits von uns selbst, das Gedicht sprechen.

Labrador
oder
der große Wachtraum

»Die höchste Literaturform ist das Gedicht.«
Wallace Stevens

1.

Wieder dämmerte der Morgen
vor Grönland
Wale brüllten im Eismeer
und der weite Himmel
hallte wider vom Wind

noch einmal spürte ich in meinem Kopf den Raum
wie in einem Rausch
nur kälter und klarer
als den aus einem Krug
dafür habe ich immer gelebt
dafür will ich immer leben
bis man mich
in die Wellentäler wirft
auf denen ich tanzte

die einen haben Freude
am Sturm der Schwerter
die andern nähren
das Volk mit Wörtern
das sind die Krieger und die Staatsmänner
ich gab anderen Wegen den Vorzug
den einsamen Wegen der Gestade
dem Möwenpfad

wenn ich allein war auf meinen Wanderungen
habe ich nachgedacht über vielerlei
über die Erde und
ihren Uranfang

als die Zeit noch eine Folge war
kalter Dämmerungen
und der Raum erfüllt
vom Flug wahnsinniger Vögel

ich träumte von einem Ort des Ursprungs
einem Ort mit Felsen sprudelnden Wassern und leer
jeden Morgen stieg
die Sonne aus dem kühlen Meer des Ostens
und brannte nieder
den ganzen Tag auf die Felsen und Wasser

damals war die Erde ein Ort ohne Namen
ich liebte die namenlose Orte
heute gibt es viele Namen zu viele
das Norwegen der blauen Flüsse strotzt
von Namen
und die Hebriden und sogar Grönland
Namen überall Namen
und ein Durcheinander von Schreien laut und böse
es war an der Zeit westwärts zu ziehen

wieder dämmerte der Morgen
vor Grönland
und noch immer vor Augen kein Land
nur Wellen grüne und Wind
und im Kopf eine starke große Vision.

2.

Auch ich habe einem Ort einen Namen gegeben
einem Ort mit mächtigen Felsen
die in der Sonne gleißen
einem Ort erfüllt vom Rauschen
und Fließen des Wassers
ich nannte ihn »Das wunderbare Ufer«

einen Winter lang lebte ich dort
eine Zeit der weißen Stille
ich ritzte ein Gedicht in das Gestein
auf den Winter auf die weiße Stille
die schönsten Runen die ich je schnitt

Männer mit schmalen Augen und hohen Wangenknochen
kamen zu Besuch
wir tauschten
Tuch gegen Häute
und lebten in Frieden

der Frühling kam
die Bäche glitzerten im Licht
der Himmel spiegelte sich im großen Strom
da zog ich weiter nach Süden
in ein Land der großen Wälder
da sah ich Rothäute
geschmückt mit Vogelfedern

ich spürte unter meinen Sohlen
ein neues Land eine neue Welt
ich wollte sie nicht zu früh benennen
ich ließ mich
von meinen Sinnen leiten
Schritt für Schritt durch die Wirklichkeit

ich war nicht mehr Christ
und noch nicht zurückgekehrt zu Thor
da war etwas anderes das mich rief
nach draußen
das darauf wartete
daß man es rief

etwas Sinnliches
und zugleich Abstraktes
etwas Furchtbares und zugleich Schönes
das über mich hinausreichte
und doch
mehr ich war als ich selbst

ich dachte an norwegische Worte
Worte von Dichtern und Denkern
an große Worte auf den Hebriden
hier war kein Platz für Christus und Thor
hier hat die Erde ihr Schicksal verwirklicht
ein Schicksal der Steine und Bäume
der Schatten und des Lichts
schweigend hat sie ihr Schicksal verwirklicht
ich versuchte die Sprache
dieses Schweigens zu lernen

schwieriger als das Latein
das ich in Bergen studierte
oder das Irische von Dublin.

3.

Ein ganz neues Feld
zum Arbeiten zum Denken
bei jedem meiner Schritte
spürte ich in mir eine seltsame Kraft
der Verstand von Tag zu Tag lebendiger der Kopf klarer

ich versuchte es noch mit ein paar Namen
(wog sie sorgfältig ab
und probierte sie aus
im Kopf und auf der Zunge):

großer Walfluß Eskimokap
Indianerhüttensee Karibupaß
immer noch keinen Namen für das Ganze
ich wollte die Teile benennen
nicht das Ganze

der Mensch muß sein Wissen festhalten
aber er braucht einen leeren Raum
um sich darin zu bewegen

ich lebte und bewegte mich
wie nie zuvor
wurde menschlicher
erfuhr eine größere Identität

die Spuren des Karibus im Schnee
der Flug der Wildgänse
der rote Ahorn im Herbst
an dem der Frost nagt
all das wurde wirklicher für mich
wurde wirklich ich
wirklicher als mein eigener Name

manchmal sagte ich versehentlich noch
»im Einklang mit dem Geist des Landes«
aber da war kein »Geist«
nur die blauen Spuren im Schnee
der Flug der Wildgänse
und die frostroten Blätter

Religion und Philosophie
in Kirchen und Schulen erlernt
zu schwer
für dieses Wanderleben
nur die Poesie blieb mir
eine Poesie
leicht wie der Atem
wie der Wind und das Ahornblatt
die ich vor mich hin sprach
auf meinem Weg durch das Land

jetzt bin ich ein alter Mann
ein sehr sehr alter Mann
ich habe diese Runen in den Fels geritzt
sie sind mein Testament
vielleicht liest niemand sie

sie werden bleiben auf dem Felsen
neben den Spuren des Eises
ausgesetzt dem Regen dem Wind.

Bitte umblättern:

Carlos Castaneda

Eine andere Wirklichkeit

*»Castanedas Bücher sind so ungewöhnlich überzeugend
und kraftvoll, weil sie uns aus der uns vertrauten Welt
herausnehmen und uns in eine völlig andere Welt tragen.«*
New York Times

Das Feuer von innen
287 Seiten. Brosch.

Der zweite Ring der Kraft
303 Seiten. Brosch.
Fischer Taschenbuch Band 3035

Die Kunst des Pirschens
Roman. 320 Seiten. Brosch.
Fischer Taschenbuch Band 3390

Die Lehren des Don Juan
Ein Yaqui-Weg des Wissens
Band 1457

Eine andere Wirklichkeit
Neue Gespräche mit Don Juan
Band 1616

Reise nach Ixtlan
Die Lehre des Don Juan
Band 1809

Der Ring der Kraft
Don Juan in den Städten
Band 3370

S. Fischer
Fischer Taschenbuch Verlag

Christoph Meckel

Licht
Erzählungen. Band 2100

Nachricht für Baratynski
Band 5424

Ein roter Faden
Gesammelte Erzählungen. Band 5447

Säure
Gedichte. Band 5122

Souterrain
Gedichte. Band 5146

Suchbild
Über meinen Vater. Band 5412

Tunifers Erinnerungen
und andere Erzählungen. Band 2090

Wildnisse
Gedichte. Band 5819

CHRISTOPH MECKEL
SUCHBILD
ÜBER MEINEN VATER
FISCHER

Fischer Taschenbuch Verlag

fi 141 / 4

Guntram Vesper

*»Was da, zuweilen auf zwei oder drei Seiten, in äußerster
Knappheit an Zeit- und Zustandsschilderung gelingt,
weist Vesper als einen der begabtesten Prosa-Autoren
der jüngeren Generation aus.«*
DIE ZEIT

Nördlich der Liebe und südlich des Hasses
Roman. Band 2112

Kriegerdenkmal ganz hinten
Prosa. Band 5893

Die Illusion des Unglücks
Gedichte. Band 5128

Die Inseln im Landmeer
und neue Gedichte
Mit Zeichnungen vom Autor
Band 5821

Frohburg
Neue Gedichte
Mit Zeichnungen des Autors
und einem Anhang
Band 5905

Fischer Taschenbuch Verlag

Jean Giono

Das Lied der Welt
Roman. Band 5315

»Ich wollte ein Buch schaffen mit unberührten Bergen, mit
einem unberührten Fluß, mit einem Land, mit Wäldern, mit
Schnee und Menschen, die unberührt sind. Es gibt sie alle...
Sie leben ihr Abenteuerleben. Sie allein kennen die Freuden
der Welt und ihre Traurigkeit. Und das ist gerecht.«
Jean Giono

Der Berg der Stummen
Roman. Band 5393

Landschaft und Menschen der Provence verbinden sich in
dieser vielleicht schönsten und poetischsten Liebesgeschichte
von Jean Giono mit dem heidnischen Lebensgefühl der
antiken Mythologie.

Vom wahren Reichtum
Roman. Band 5974

In seinem programmatischen und poetischen Buch ›Vom
wahren Reichtum‹ (1937), das zu den wichtigsten Werken
alternativer Literatur im 20. Jahrhundert gehört, zeigt Giono
sich als erbitterter Gegner der Zivilisation des Geldes, der
entmenschten Riesenstädte, des erbärmlichen entfremdeten
Lebens in der Maschinengesellschaft.

Fischer Taschenbuch Verlag

Raymond Queneau

Der Flug des Ikarus
Roman. Band 5977

Lange bevor Woody Allen seine Darsteller von der Lein-
wand herabsteigen und die Grenze zwischen Fiktion und
Realität überwinden ließ, erfand Queneau Ikarus, der sich
aus den Seiten eines unvollendeten Romanmanuskripts
entfernt und nach einem erst wenige Seiten langen Leben
erste Erfahrungen mit der Realität sammelt, während sein
Schöpfer, der Schriftsteller Hubert Lubert, einen Detektiv
beauftragt, Ikarus zu suchen.

Das intime Tagebuch der Sally Mara
Roman. Band 5832

» ...Die irische Göre Sally Mara – eine ältere Schwester der
Zazie – kennt weder Furcht noch Respekt. Sie untersucht
Männer und Liebe so sachlich wie der Monteur ein noch
unbekanntes Getriebe.«
Der Spiegel

Man ist immer zu gut zu den Frauen
Roman. Band 5833

In dieser Geschichte vom Dubliner Osteraufstand von 1916
entlarvt Raymond Queneau in Dialogen von verblüffender
Komik die falschen Parolen von Helden- und Mannestum.

Odile
Roman. Band 5878

»Surrealismus, Mathematik und Liebe verbinden sich in
diesem Buch zu einer der schlichtesten Apotheosen des
Lebens, die man sich denken kann: Kritik am Irrationalen,
Zweifel am Rationalismus, Bekenntnis zum Herzen.«
Mannheimer Morgen

Fischer Taschenbuch Verlag

Christoph Ransmayr

Die Schrecken des Eises und der Finsternis

Im Zentrum dieses faszinierend vielschichtigen Abenteuerromans steht der authentische Bericht über das Schicksal der österreichisch-ungarischen Nordpolexpedition unter Weyprecht und Payer, die im August 1873 nördlich des 79. Breitengrads zur Entdeckung eines unter Gletschern verborgenen Archipels führte, doch dann scheiterte: die »Admiral Tegetthoff« wurde im Packeis eingeschlossen. Simultan dazu wird eine zweite, eine fiktive, Geschichte erzählt: ein Italiener namens Josef Mazzini, der sich in Wien mit Gelegenheitsjobs über Wasser hält und ansonsten Tagträumen nachhängt, begeistert sich für die Hinterlassenschaft dieser Expedition, denkt und phantasiert sie nach, bricht schließlich auf, sie in Wirklichkeit nachzuvollziehen: seine Spur verliert sich in den Eislandschaften Spitzbergens. Christoph Ransmayr hat die beiden, zeitlich mehr als 100

Christoph Ransmayr
Die Schrecken des Eises und der Finsternis
Roman ⋈ Fischer

Band 5419

Jahre auseinanderliegenden Abenteuer kunstvoll zu einer bizarren ›Chronik des Scheiterns‹ verknüpft; sie entlarvt den Entdeckerehrgeiz als Wahn, als unsinnige Jagd nach persönlichem und nationalem Ruhm: der Nordpol als »Fluchtpunkt der Eitelkeiten«.

Fischer Taschenbuch Verlag

Ethnologische Lesebücher

Herausgegeben von Gerd Stein

Die edlen Wilden
Band 3071

Die Verklärung von Indianern, Negern und Südseeinsulanern auf dem Hintergrund der kolonialen Greuel. Vom 16. bis zum 20. Jahrhundert.
Parallel zur Versklavung und Ausrottung sogenannter primitiver Völker entwickelte sich die Vorstellung von den edlen Wilden. Die zahlreiche Literatur dazu stellt einen Wiedergutmachungsversuch dar und zugleich eine neue Form der Nutznießung der Wilden.

Exoten durchschauen Europa
Band 3072

Der Blick des Fremden als ein Stilmittel abendländischer Kulturkritik. Von den persischen Briefen im 18. bis zu den Papalagi-Reden des Südseehäuptlings Tuiavii im 20. Jahrhundert. Wenn Nicht-Europäer als gut und edel hingestellt werden konnten, dann fehlte nicht viel, sie mit der Rolle eines Lehrmeisters zu versehen. Seit dem 18. Jahrhundert legten europäische Schriftsteller ihre kulturkritischen Ansichten Besuchern aus fernen Ländern in den Mund, um mit dieser Fiktion einen größeren Effekt zu erzielen.

Europamüdigkeit und Verwilderungswünsche
Band 3073

Der Reiz, in amerikanischen Urwäldern, auf Südseeinseln oder im Orient ein zivilisationsfernes Leben zu führen. Vom 18. bis zum 20. Jahrhundert. Wenn die Wilden als unverdorben gelten und die europäische Kultur in ihrer ganzen Falschheit durchschauen konnten, war es kein Wunder, daß Abendländer das Lager zu wechseln begannen. Kulturkritik und Liebessehnsucht verschmolzen in dem Wunsch, zu den Wilden zu ziehen.

Fischer Taschenbuch Verlag

Die Neue Arche Bücherei
Ein Forum für literarische Kleintexte

Arche Verlag, Zürich